미래 세대를 위한

세계시민 이야기

미래 세대를 위한 세계시민 이야기

제1판 제1쇄 발행일 2025년 2월 16일

글 _ 정주진
기획 _ 책도둑(박정훈, 박정식, 김민호)
디자인 _ 이안디자인
펴낸이 _ 김은지
펴낸곳 _ 철수와영희
등록번호 _ 제319-2005-42호
주소 _ 서울시 마포구 월드컵로 65, 302호(망원동, 양경회관)
전화 _ 02) 332-0815
팩스 _ 02) 6003-1958
전자우편 _ chulsu815@hanmail.net

ISBN 979-11-7153-023-6 43300

철수와영희 출판사는 '어린이' 철수와 영희, '어른' 철수와 영희에게 도움 되는 책을 펴내기 위해 노력합니다.

미래 세대를 위한

세계시민 이야기

글 | 정주진

철수와영희

세계시민이 되어 주세요

뉴스를 읽고 보는 일은 제가 매일 빼놓지 않고 하는 일 중 하나입니다. 국내 뉴스만이 아니라 해외 뉴스도 꼬박꼬박 읽고 봅니다. 해외에서 일어나는 일이 한국에 미칠 영향을 염려해서가 아닙니다. 그런 일도 있겠지만 가장 큰 이유는 제가 세계시민이고 그러니 세계 곳곳에서 어떤 일이 일어나는지 알아야 한다고 생각하기 때문입니다.

세계 곳곳의 뉴스를 보면 모르는 사이에 제가 한국에서 멀리 떨어진 곳에 사는 사람들에게 어떤 영향을 미쳤는지, 또는 미칠 수 있는지 알 수 있습니다. 제가 버린 휴대폰 같은 전자제품이 아프리카나 아시아의 가난한 국가에서 쓰레기가 되고 많은 사람에게 납 중독을 일으키고 있다는 사실을 알게 됩니다. 내전이 있는 곳에서 한국의 무기가 쓰이는 일도 있음을 알게 됩니다. 제가 사는 싼 옷이 아시아에 있는 공장 노동자의 낮은 임금 덕분이고 그들을 착취하는 한국 기업이 있다는 것도 알게 됩니다. 기후 변화 때문에 생긴 강력한 태풍으로 큰 피해를 입은 사람들의 소식과 한국의 이산화탄소 배출이 태풍 피해를 입은 국가들에 비해 훨씬 많다는 것을 알게 됩니다. 이런 일들을 알게 되면 제가 어떻게 살아야 할지, 제 생활을 어떻게 바꿔야 할지 고민하게 됩니다.

세계시민은 자신이 속한 곳이 국가를 넘어 세계라고 생각하는 사람을 말합니다. 자신이 현재 사는 국가는 물론 세계의 안전과 평화, 그리고 현재보다 나은 인류의 미래에 관심을 가진 사람을 말합니다. 이런 세계시민은 자기 국가의 문제를 세계의 문제와 함께 생각합니다. 세계의 문제에 자기 국가가 어떤 영향을 미쳤는지도 생각합니다. 세계가 함께 문제를 해결할 방법이 있는지, 자기 국가의 이익만이 아니라 세계, 그리고 인류의 이익을 다른 세계시민과 함께 고민합니다.

이 책은 세계시민이 관심을 가져야 할 몇 가지 문제를 다루고 있습니다. 모든 문제는 현재, 그리고 미래의 세계와 직접 관련되어 있고 한국에 사는 우리 모두와도 관련되어 있습니다. 그 문제들을 다룬 이유는 책을 읽는 독자들이 한국에 사는 세계시민으로서 각각의 문제를 진지하게 고민해 보길 바라서입니다. 자신의 삶이 세계 다른 곳에 사는 많은 사람과 어떻게 연결되어 있는지 살펴보고 자신의 삶을 그들과의 관계 속에서 생각해 보는 기회가 되었으면 합니다.

어떤 사람들은 세계시민으로 세계의 문제를 고민하고, 또 한국과 멀리 떨어진 곳에 사는 사람들의 삶까지 생각하며 사는 건 피곤한 일이라고 말합니다. 세계의 문제는 그런 문제를 연구하는 전문가들과 전문 단체들, 그리고 정치인들이 다루고 해결할 문제라고 말합니다. 그러나 그들은 세계시민의 관심과 지지가 없이는 문제를 탐구하고 고민할 인적, 물적 자원을 확보할 수 없고 정책을 만들 수 없습니다. 그러니 유능하고 선의를 가진 사람들이 있어도 결국 그들을 독려하고 행동하게 할 세계시민이 필요합니다.

인류 공동의 현재와 미래를 위해서는 무엇보다 함께 노력하는 것이 중요합니다. 그러기 위해 문제를 알고 고민하고 작은 일이라도 우리의 삶 속에서 실천하는 세계시민이 필요합니다.

세계시민은 타인의 삶에 공감하는 사람을 말합니다. 설사 그들과 지리적으로 멀리 떨어져 있고 개인적 관계가 없더라도 말입니다. 이 책은 독자들이 그런 생각을 해 보도록, 그리고 아직 세계시민이라고 생각하지 않는다면 세계시민이 되어 보기를 권하는 책입니다. 지금 우리가 사는 세계는 어느 시대보다도 진지한 생각과 태도를 가진 세계시민이 많이 필요합니다. 자신을 세계시민이라고 생각하는 사람이 많아져야 우리가 사는 세상이 조금이라도 나아지고, 또 덜 나빠질 수 있습니다. 이 책의 독자 중 새로운 세계시민이 많이 생기기를 기대합니다.

2025년 2월 일산에서
정주진

많이 만들고
많이 버리고

"한 장의 면 셔츠를 만드는 데 2,700리터의 물이 필요하다. 이는 한 사람이 2년 반 동안 소비하는 식수의 양에 해당한다."

접으면 책 크기 정도밖에 안 되는 면 셔츠 한 장을 만드는 데 그렇게 많은 물이 든다니 정말일까요. 유럽연합(EU)이 발표한 내용인데, 이는 원료인 면화 생산, 옷감과 옷 생산, 염색까지 모든 과정에서 소비되는 물의 양을 말합니다. 그래도 충격적인 양입니다.

이 숫자를 접하고 나니 '옷은 왜 필요하지?'라는 생각이 듭니다. 옷의 가장 기본적인 기능은 신체를 보호하는 겁니다. 위험한 환경에 노출되지 않으려면, 그리고 춥고 더운 날씨에 몸을 보호하려면 옷이 필요합니다. 그러나 우리는 이제 그런 이유만으로 옷을 사지 않습니다. 옷은 유행과 떼어 놓을 수 없는 물건이 됐고 그래서 우리는 여러 벌의 셔츠와 바지, 계절별로 다양한 외투를 가지는 걸 당연하게 생각합니다. 옷을 이용해 자신이 어떤 사람이고 어떤 패션 감각을 가졌는지 보여 주기도 합니다.

쉽게 버려지는 옷들.

많은 사람이 계절이 바뀌고 유행이 변할 때마다 옷을 삽니다. 그럴 수 있는 이유는 패스트 패션 브랜드가 많기 때문입니다. 1980년대 말에 등장한 패스트 패션은 유행에 맞춰 짧은 기간에 싼 옷을 대량으로 생산하고 판매하는 방식을 말합니다. 패스트 패션 브랜드가 많아지면서 옷의 생산과 소비가 증가했습니다. 국제 환경 단체들의 자료에 의하면 전 세계 옷 생산은 2000년 이후 두 배나 증가했습니다. 소비자들은 20년 전보다 60퍼센트 정도 옷을 더 구매하는데 그중 실제로 입는 것은 절반 정도뿐이라고 합니다. 필요보다 많이 구매하니 버리는 옷이 많고, 특히 싸게 산 옷은 쉽게 버립니다.

옷을 버리는 건 소비자만이 아닙니다. 의류 회사들은 생산한 옷의 10~40퍼센트를 버립니다. 떨이 판매를 할 수도 있지만 그렇게 하면 브랜드 가치가 떨어질 것을 염려해 차라리 버리는 선택을 합니다. 떨이라는 건 물건을 원래 가치보다 싸게 파는 것입니다. 버린 옷의 양이 많아서 발전소의 연료로 사용되기도 했습니다. 2017년 스웨덴 스톡홀름 인근의 한 석탄 발전소는 화석 연료인 석탄 대신에 패스트 패션 브랜드인 H&M의 창고에서 가져온 15톤의 재고 의류를 연료로 사용했습니다. 발전소는 의류를 재활용한 좋은 사례라고 홍보했습니다. 그러나 애초 지나치게 많이 생산하지 않았더라면 생기지 않을 재고였고 그것이 환경에 더 유익했을 겁니다.

패스트 패션은 대체로 튼튼하지 않은 직물로 옷을 만듭니다. 그래서 지난 15년 동안 옷의 수명은 약 35퍼센트나 줄었습니다. 몇 번 빨면 입을 수 없는 옷이 많고 그래서 쉽게 버려집니다. 전 세계적으로 매년 막대한 양의 옷이 버려집니다. 의류 회사들은 지나치게 많이 생산하고 소비자들은 자주, 많이 구매하고 쉽게 버립니다. 이런 옷 쓰레기는 세계 곳곳에서 환경을 오염시킵니다.

기후 변화의 주범은 탄소 배출인데 패션 산업이 일 년간 배출하는 탄소의 양은 전 세계 탄소 배출량의 10퍼센트를 차지합니다. 패션 산업이 2030년까지 배출하는 탄소는 현재보다 50퍼센트 증가할 것으로 예상됩니다. 또 패션 산업은 세계 물의 약 20퍼센트를 소비하고 의류 생산에 사용되는 염료와 화학 물질이 수자원을 오염시킵니다. 전 세계 물 오염의 20퍼센트가 패션 산업 때문에 생깁니다. 특히 패스트 패션 브랜드들은 합성 섬유인 폴리에스터 같은 직물로 옷을 만드는데 이런 옷을 세탁할 때는 많은 미세플라스틱이 생깁니다. 바다로 흘러가는 전체 미세플라스틱 중 약 3분의 1이 합성 섬유에서 나온 것입니다. 바다 밑에 쌓인 미세플라스틱은 해양 생물에 해를 끼치고 결국 인간의 건강까지 위협합니다.

옷은 인간에게 꼭 필요한 것이기 때문에 그로 인한 탄소 발생, 환경오염, 쓰레기 발생은 감수해야 합니다. 그런데 과연 우리에게 꼭 필요한 옷 때문에 그런 문제가 악화하는 걸까요?

쓰레기가 된
수출품

옷을 많이 만들고, 사고, 버리는 문제의 종착점은 쓰레기입니다. 매일 세계 곳곳에서 엄청나게 많은 양의 옷 쓰레기가 생깁니다. 직물류를 분리해 수거하는 국가가 거의 없어서 대부분의 옷 쓰레기는 일반 쓰레기와 함께 버려집니다. 일부 중고 옷이 수거함이나 자선 단체를 통해 수거되기는 하지만, 그렇게 수거된 중고 옷이 모두 재사용이나 재활용되는 건 아닙니다. 수거된 옷은 다시 재사용, 재활용, 쓰레기 등으로 분류됩니다. 새 옷으로 탈바꿈하는 건 겨우 1~2퍼센트 정도에 불과합니다.

옷을 많이 버리는 유럽 국가들과 미국 등에서는 제법 많은 중고 옷이 자선 단체 매장으로 갑니다. 거기서 한동안 팔리다가 남은 것은 중고 의류 업자에게 넘어가 재판매되거나 산업용으로 쓰입니다. 그중 일부는 다른 국가에 수출됩니다. 2023년 기준으로 세계에서 가장 많은 중고 옷을 수출한 국가는 미국이었습니다. 2위는 중국, 3위는 영국, 4위는 독일, 그리고 5위는 한국이었습니다. 중고 옷은 주로 아프리카, 아시아, 남미의 국가들로 수출됩니다.

중고 옷을 수출하는 건 합법이고 수출업자와 수입업자 모두에게 좋은 일입니다. 문제는 중고 옷이 수입국에서 감당하기 힘들 정도로 많다는 겁니다. 그래서 결국 중고 옷이 그것을 수거한 국가가 아닌 다른 곳에서 쓰레기가 됩니다. 중고 옷을 수거함에 넣거나 자선 단체에 기부한 사람들은 자기 옷이 다른 주인을 찾길 바라지만 그건 쉽지 않은 일입니다.

세계에서 중고 옷을 가장 많이 수입하는 국가는 아프리카의 가나입니다. 가나에서는 수입된 중고 옷을 '죽은 백인의 옷'이라고 부릅니다. 그러나 이제는 이것도 옛말입니다. 입지도 않은 새 옷이 들어오는 경우가 많기 때문입니다. 하지만 새 옷이라고 모두 팔 수 있는 건 아닙니다. 패스트 패션 브랜드들의 옷은 새 옷이라도 품질이 좋지 않고, 애초 입지도 않고 버린 옷이라면 품질이나 디자인이 별로일 겁니다. 사람들의 보는 눈은 비슷하니 그 옷이 다른 나라에서 팔릴 가능성은 낮습니다.

가나 아크라의 칸타만토는 가나에서뿐만 아니라 서아프리카에서 가장 큰 중고 옷 시장입니다. 이 시장에서는 약 3만 명의 상인이 중고 옷을 판매합니다. 여기에서 가나 전 지역으로, 그리고 다른 서아프리카 국가들로 중고 옷이 보내집니다. 아크라에는 영국 등에서 매주 1,500만 개의 중고 옷이 도착합니다. 상인들은 이것을 최상급 제품, 차상급 제품, 얼룩이나 흠집 등이 있는 제품 등으로 분류합니다. 그리고 하루가 끝날 때까지 팔리지 않는 건 내다 버립니다. 최근에는 패스트 패션의 확산으로 최상급이나 차상급 제품이 줄어서 상인들이 울상입니다. 가나의 한 시민 단체에 의하면 칸타만토 시장의 중고 옷 중 약 40퍼센트는 도착 즉시 쓰레기가 된다고 합니다.

칸타만토 시장에서는 매일 약 100톤의 중고 옷 쓰레기가 발생하는데 이 중 30퍼센트는 시에서 수거하고 나머지는 불법 투기장, 하천, 배수로 등에 버려집니다. 강과 바다로 흘러간 옷 쓰레기는 해양 생태계를 파괴하고 때로는 해변에 쌓여 어업에 피해를 줍니다. 옷 쓰레기 문제는 그것만이 아닙니다. 옷 쓰레기 문제를 다루는 한 시민 단체의 대표는 이런 말을 했습니다.

"여기엔 새로운 세대의 아이들이 있습니다. 옷 쓰레기 밑에 있는 땅을 한 번도 보지 못하고 큰 아이들이죠. 아이들은 옷 쓰레기로 만들어진 바닥에서 놉니다."

늘어나는 옷 쓰레기산

케냐 나이로비에 있는 기콤바 시장은 케냐에서 가장 큰 중고 옷 시장입니다. 몸바사 항구를 통해 수입되는 중고 옷 중 쓸 만한 것들은 기콤바 시장에서 팔리거나 다른 곳으로 수출됩니다. 나머지는 곧장 쓰레기가 됩니다. 케냐의 중고 옷 수입업자들은 최근 수년 동안 쓰레기에 가까운 중고 옷이 증가했다고 말합니다. 더럽고 진한 얼룩이 있거나 재판매나 재수출이 힘든 옷들이 증가하고 있다는 겁니다. 옷 쓰레기는 이미 오래전 케냐의 쓰레기 처리 시설이 감당할 수 있는 양을 넘어섰습니다. 그래서 새로 들어오는 것들은 대부분이 불법 투기장으로 향하거나 소각됩니다.

기콤바 시장의 외곽에 있는 단도라는 동아프리카에서 가장 큰 쓰레기 매립지입니다. 많은 중고 옷이 이곳에 버려집니다. 그동안 버려진 옷 쓰레기가 쌓이고 쌓여 4층 건물 높이가 넘는 쓰레기산이 되었습니다. 쌓인 옷 쓰레기는 매스꺼운 냄새를 풍기고 독성 물질이 섞인 침출수를 만듭니다. 이 침출수는 주변 강으로 흘러갑니다. 이곳에서는 세계 유명 브랜드들의 옷을 쉽게 찾을 수 있고 옷 쓰레기의 약 30퍼센트는 썩지 않는 플라스틱입니다.

2023년 2월 네덜란드의 한 연구재단은 쓰레기(trash)와 패션(fashion)을 합성한 단어를 써서 〈트래션(Trashion)〉이란 보고서를 발표했습니다. 케냐의 중고 옷 시장 상황을 조사한 결과를 담은 이 보고서는 유럽 국가들이 케냐에 플라스틱 쓰레기를 투기하고 있다고 했습니다. 유럽 국가들이 수출하는 중고 옷 세 개 중 하나가 플라스틱이 포함된 합성 섬유로 만들어졌기 때문입니다. 보고서는 2021년 유럽 국가들이 케냐로 수출한 중고 옷 중 절반 이상이 도

불법으로 투기된 쓰레기들.

착하자마자 쓰레기가 됐고 그중 약 67퍼센트가 합성 섬유 제품이 었다고 밝혔습니다. 또 패션 산업의 재활용 캠페인에 참여한 회사들이 결국 많은 양의 '쓰레기'를 케냐에 보냈다고 지적했습니다.

칠레는 남미 국가 중에서 가장 많이 중고 옷을 수입하고, 세계 3위의 의류 수입국입니다. 대부분 유럽 국가들, 미국, 중국 등에서 수출한 겁니다. 칠레로 중고 옷이 많이 들어오는 이유는 다른 남미 국가들에 비해 중고 옷 수입에 대한 정부의 규제가 느슨하기 때문입니다.

중고 옷은 남미에서 가장 중요한 무역항의 하나인 칠레의 이퀴크로 들어와서 면세 상업 지구인 조프리로 갑니다. 이곳에서도 재판매되지 않는 많은 양의 중고 옷이 버려집니다. 지방 정부는 매일 발생하는 옷 쓰레기를 제대로 처리할 능력도 그에 대한 책임감도 없습니다. 옷 쓰레기 대부분이 불법으로 버려져 아타카마 사막에 쌓입니다. 아타카마 사막은 아름다운 절경과 별을 볼 수 있는 유명한 관광지인데 이제는 의류 쓰레기 투기장으로 세계적인 '유명세'를 타고 있습니다. 넓은 사막 한가운데 약 3제곱킬로미터의 지역에는 160개 정도의 쓰레기 투기장이 있습니다.

아름다웠던 사막은 주변 도시에 사는 약 10만 명의 주민들에게 절망의 상징이 됐습니다. 주민들은 "옷 쓰레기 때문에 이곳은 세계에서 가장 더럽고 추한 곳이라는 오명을 쓰게 됐어요"라고 말했습니다. 또한 "쓰레기 투기가 오랫동안 이뤄졌고 여기 사는 우리는 위험해도 아무 일도 할 수 없어요. 유일하게 할 수 있는 건 비난하고 그냥 지켜보는 것뿐이죠"라고 했습니다.

옷 쓰레기 문제는 누구의 책임일까요? 의류 회사들은 옷 쓰레기에 책임을 지지 않습니다. 자기들이 그곳에 버린 게 아니니까요. 그러나 세계적으로 악화하는 옷 쓰레기 상황을 알면서도 저품질의 옷을 과잉 생산해서 세계 곳곳에 썩지 않는 옷 쓰레기산이 만들어지는 걸 외면하는 건 문제입니다. 소비자들의 문제도 있습니다. 많이 사고 많이 버리는 일을 반복하면서도 옷 쓰레기에 대해서는 책임을 지지 않으니까요. 기껏해야 일부 옷을 수거함에 넣거나 기부 단체에 보내는 것으로 죄책감을 씻어 냅니다. 그중 상당한 양이 수천 킬로미터 떨어진 곳에서 쓰레기가 되어 그곳 사람들의 생활 환경을 위협하든 말든 관심이 없습니다.

'친환경'이면
괜찮은 걸까

유엔과 환경 단체들은 오래전부터 한목소리로 품질이 나쁜 싼 옷을 과잉 생산하는 패스트 패션의 문제를 지적해 왔습니다. 패스트 패션 회사들은 이런 오명과 비난을 벗기 위해 '친환경' 이미지를 만들었습니다. 그러나 그것은 대부분 거짓말이었고 그린워싱(greenwashing)이라는 비난을 받았습니다. 그린워싱은 실제로는 환경에 도움이 되지 않거나 오히려 나쁜 영향을 미치는 제품을 만들거나 행동을 하면서 과대광고나 홍보를 통해 환경을 생각하는 것처럼 포장하는 것을 말합니다.

2024년 3월 영국의 최대 패스트 패션 브랜드인 아소스, 부후, 조지 앳 아스다는 친환경과 관련해 "정확하고 선명한" 표현만 쓰겠다고 서약했습니다. 영국 정부의 규제 기관 중 하나인 경쟁시장국(CMA)이 세 브랜드가 '친환경' 주장으로 소비자들을 속였다고 발표한 뒤였습니다. 경쟁시장국은 오랫동안 조사를 한 결과 이 회사들이 그린워싱을 했다고 결론지었습니다. 또한 환경에 관심이 있는 소비자들에게 정확한 정보를 제공하지 않는 불공정한 행위를 하고 시장의 경쟁 체계를 방해했다고 판단했습니다. 경쟁시장국은 회사들을 고소하지는 않기로 했고 대신 자발적으로 개선 방안을 마련하고 그 결과를 보고하라고 명령했습니다. 세 회사의 서약서는 그래서 나온 것이었습니다. 경쟁시장국은 모든 패션 브랜드에 공문을 보내 회사의 친환경 주장을 다시 살펴보고 법을 준수하라고 했습니다. 영국 정부는 거짓으로 친환경 주장을 하는 회사에는 전 세계 매출액의 10퍼센트에 달하는 벌금을 부과할 계획입니다.

2024년 3월 유럽 의회도 기업이 그린워싱으로 이익을 취할 수 없게 하는 법을 통과시켰습니다. '그린 자격 명령(Green Claims Directive)'이라는 법에 따라 유럽연합의 기업들은 앞으로 '그린'을, 다시 말해 자신들의 제품이 환경을 생각한다고 주장할 때는 그것을 증명할 근거를 제시하고 검사를 받아야 합니다. 검사를 통과하기 전까지는 마음대로 '환경 친화적', '생태 친화적', '그린', '자연의 친구', '생태적', '에너지 효율적' 등 자신들의 제품이 환경 문제 해결과 자연 보호에 도움이 되는 것처럼 묘사하는 용어를 사용할 수 없습니다. 명령을 어기는 기업에는 최소한 연간 판매 수입의 4퍼센트에 해당하는 금액의 벌금이 부과될 수 있습니다. 패션 브랜드들 또한 당연히 이 규제의 영향을 받게 됩니다.

유럽 의회가 그린워싱을 감시하는 법을 만들게 된 이유는 환경을 생각한다고 주장하는 기업의 절반 이상이 애매하거나 전혀 근거가 없는 주장을 하는 것으로 밝혀졌기 때문입니다. 유럽연합의 조사에 따르면 '그린'을 내세우는 유럽 회사 중 53퍼센트가 명확한 정보나 증거를 제시하지 않으면서 소비자를 속였습니다. 2020년 세계 소비자 보호 단체들이 조사한 결과에서도 국제 기업의 약 40퍼센트가 소비자를 속이면서 환경 친화 주장을 하는 것으로 나타났습니다. 여기에는 많은 패션 브랜드도 포함됐습니다.

2022년 1월 미국의 경영학 잡지 《하버드 비즈니스 리뷰》는 패션 브랜드 대부분이 '친환경'을 주장하면서 사실은 원자재가 정말 친환경적인지 알지 못할 뿐 아니라, 25년 이상 친환경을 주장했지만 지구 환경 개선에 아무런 영향을 주지 못했다고 지적했습니다. 이런 기업들이 의류 쓰레기 문제에 책임감을 느끼지 않는 건 놀라운 일이 아닙니다.

기업이 그린워싱을 하는 이유는 환경을 생각하는 소비자가 많아졌기 때문입니다. 기업은 소비자에게 좋은 이미지를 심기 위해 친환경을 이용합니다. 환경에 피해가 가지 않게 생산하고 소비하려는 기업과 소비자의 태도와 행동은 바람직합니다. 그렇지만 친환경이 옷 쓰레기 문제를 해결하지는 못합니다. 기업이 '친환경'을 주장하며 여전히 지나치게 많은 옷을 생산하고, 소비자가 '친환경' 제품을 사면 아무 문제가 없다고 생각한다면 말입니다. 어떤 소비자들은 '친환경'을 새로운 트렌드로 생각하고 '친환경' 상표를 자기를 과시하는 장식품으로 여기기도 합니다. 그런 소비자는 기업에게 속이기 쉬운 상대일 뿐이고 옷 쓰레기를 줄이는 데는 전혀 도움이 되지 않습니다.

옷을 사지 않고 살 수 있을까

세계의 옷 쓰레기를 줄이려면 소비자들의 관심이 필요합니다. 그런데 옷 쓰레기에 전혀 관심이 없는 소비자가 많습니다. 한국의 많은 소비자들도 그렇습니다. 2024년 6월 경제 뉴스들은 매우 씁쓸한 소식을 전했습니다. 중국 '직구'(직접 구매) 앱으로 싼 옷을 무더기로 산 뒤 괜찮은 옷만 골라내는 이른바 '언박싱'이 SNS에서(사회관계망 서비스) 놀이처럼 번지고 있다는 내용이었습니다. 선택받지 못한 옷들은 곧장 쓰레기통에 던져졌습니다. 인터뷰에 응한 한 청년은 "6~7만 원 정도면 한 20장을 살 수 있어요. 부담이 없으니까 지인들한테 나눠 주거나 가격이 싸서 그냥 버리는…"이라고 했습니다.

2022년 한 해에 전국에서 집계된 폐의류는 약 10만 6000톤이었습니다. 하루 평균 290톤이 버려졌습니다. 우리는 마음에 들지 않거나 입지 않는 옷을 버리는 데 전혀 불편함이나 죄책감을 느끼지 않습니다. 곳곳에 비치된 수거함에 넣으면 되기 때문입니다. 이렇게 수거된 옷은 앞에서 얘기한 국가들과 같은 과정을 통해 처리됩니다. 이런 이유로 한국은 세계 5위의 옷 수출국이 됐습니다. 우리가 수거함에 넣은 옷 중 상당한 양이 한국과 멀리 떨어진 곳에서 결국 쓰레기가 됩니다.

유엔을 포함한 다양한 국제기구, 환경 단체, 그리고 많은 국가가 옷 쓰레기 문제를 해결하기 위해 노력하고 있습니다. 여러 방법으로 옷 쓰레기 문제를 알리고 법적 조치도 취하고 있습니다. 그러나 이 문제를 짧은 기간에 해결할 수는 없습니다. 옷 생산과 소비는 기업과 소비자가 자율적으로 선택하는 일이니까요. 중고 옷 수출을 중단하면 수입국의 옷 쓰레기를 획기적으로 줄일 수 있습니다. 하지만 그렇게 하면 수출국과 수입국의 무역업자들, 개발도상국의 중고 옷 판매상들이 당장 타격을 받을 것입니다. 그리고 세계 전체로 보면 옷 쓰레기가 줄어드는 것도 아닙니다. 그러니 근본적인 문제부터 하나씩, 단계적으로 개선할 수밖에 없습니다.

막대한 옷 쓰레기의 근본적인 원인은 과잉 생산, 과잉 소비, 쓰레기 발생으로 연결된 고리입니다. 이 고리를 끊어야 합니다. 그러기 위해 가장 중요한 건 소비를 줄이고 정말 필요한 옷만 사는 것입니다. 그래야 생산이 줄 수 있습니다. 필요를 따지지 않고 기분

패스트 패션이 기후 위기를 불러온다고 시위를 벌이는 시민들.

에 따라 사는 무분별한 소비가 사라지지 않는 한 옷 쓰레기는 우리 주변에, 그리고 세계 곳곳에 더 많이 쌓일 겁니다. 그로 인한 환경오염과 생활 환경 위협은 갈수록 커질 겁니다. 그 피해와 위협을 누가 당하느냐만 달라질 뿐이고 인간이 만든 옷이 인간을 위협하는 씁쓸한 상황이 계속될 겁니다.

　옷 쓰레기를 줄이기 위해 더는 옷을 사지 않겠다는 사람들이 세계적으로 늘고 있습니다. 옷 쓰레기가 세계 곳곳, 특히 가난한 나라 곳곳에 마구 버려져 환경오염을 일으키는 상황, 과잉 생산으로 인한 탄소 배출 증가로 기후 변화에 나쁜 영향을 미치는 상황을 중단시키기 위해 구체적인 행동이 필요하다는 거지요.

그런데 옷은 인간에게 반드시 필요한데 옷을 사지 않고 살 수 있을까요? 물론 가능합니다. 이들이 하는 건 더 이상 옷을 사지 않는 것이지 옷을 거부하는 게 아니니까요. 이들은 옷을 사지 않는 대신 있는 옷을 최대한 오래 입고, 다른 사람들과 서로 필요한 옷을 교환합니다. 새 옷이 입고 싶을 땐 어떻게 할까요? 이에 대한 해결 방법도 있습니다. 버려지는 것으로 새로운 물건을 만드는 업사이클링 옷을 이용하면 되니까요. 이들은 이미 세상엔, 그리고 우리의 옷장엔 옷이 너무 많다고 말합니다.

"관광객은 집에 가라"

카나리아 제도는 북아프리카의 서쪽 대서양에 있는 7개 섬으로 구성된 스페인령 섬입니다. 2024년 4월 20일 약 5만 7,000명의 이곳 주민이 거리로 나와 시위를 했습니다. 시위자들은 "카나리아 제도는 파는 게 아니다", "관광을 중단해라", "내 집을 존중해라" 등의 구호를 외쳤습니다. 이들은 "이제 보이콧을 할 시간"이라며 유명 관광지에 '출입 금지' 표지판을 세우거나 쇠사슬로 입구를 차단하기도 했습니다.

카나리아 제도의 인구는 약 220만 명입니다. 그런데 2023년 이곳을 방문한 관광객은 1,400만 명으로 전체 인구의 약 6.4배였습니다. 도로는 매일 차들로 막히고 주민들은 소음에 시달립니다. 주민들은 너무 많은 관광객 때문에 삶의 질이 떨어지고 있다며 관광객 수를 조절하는 효율적인 대책이 필요하다고 주장했습니다.

2024년 7월 6일 스페인 바르셀로나에서도 3,000명이 넘는 시민이 거리로 나와 시위를 했습니다. 이들은 관광객들에게 물총을

스페인 바르셀로나 전경.

쏘며 "관광객은 집에 가라"고 외쳤습니다. 시위대 중에는 "바르셀로나를 팔지 않는다"라는 팻말을 든 사람들도 있었고 관광객이 들어가지 못하도록 호텔과 식당 테라스를 '출입 금지' 테이프로 막은 사람들도 있었습니다. 시민들은 바르셀로나시에 여름이 오기 전에 대책을 세우라고 요구했습니다. 바르셀로나는 세계에서 가장 많은 관광객이 찾는 도시 중 하나입니다. 2023년 바르셀로나를 방문한 관광객은 약 1,220만 명으로 바르셀로나 인구인 160만 명의 7.6배가 넘는 숫자였습니다.

그리스의 섬인 산토리니는 흰색 건물과 파란색 지붕으로 SNS 에서 가장 시선을 끄는 곳 중 하나입니다. 멋진 풍경에 반해 이 작은 섬을 찾는 관광객은 일 년에 약 340만 명입니다. 섬에 거주하는 사람은 2만 명 정도에 불과합니다. 그런데 성수기인 여름에는 하루 관광객 수가 전체 주민의 숫자와 맞먹을 정도로 몰려듭니다. 섬의 곳곳은 발을 디딜 틈도 없이 꽉 찹니다.

많은 관광객 때문에 몸살을 앓고 있는 곳은 셀 수 없이 많습니다. 이런 곳에 거주하는 사람들은 불편함을 넘어 고통을 겪고 있습니다. 그리고 이제는 더 이상 인내하지 않고 정부와 시에 관광객을 줄이라고 요구하며 시위를 하고 있습니다. 일부지만 관광객을 직접 비난하는 사람들도 있습니다. 이젠 행정당국도 관광객이 감당하기 힘든 규모라는 걸 인정하고 관광객 줄이기에 나서고 있습니다.

일 년에 3,000만 명 이상의 관광객이 방문하는 이탈리아의 베니스는 세계 유명 관광지 중 처음으로 1일 5유로의 관광세를 받기 시작했고 앞으로 이를 10유로까지 올릴 계획입니다. 스페인의 바르셀로나는 1일 3.25유로인 관광세를 2024년 10월부터 4유로로 인상했습니다. 5성급 호텔에 숙박하면 하루에 7.5유로를 숙박료

외에 세금으로 내야 합니다.

관광세를 받으면 관광 수입이 늘어납니다. 그런데 관광세의 목적은 수입을 늘리려는 것이 아니라 관광객 수를 줄이려는 겁니다. 성수기에 1일 약 1만 7,000명의 관광객을 받던 산토리니는 2025년부터는 1일 8,000명만 받기로 했습니다. 아테네는 2023년 9월부터 아크로폴리스의 1일 방문자를 2만 명으로 제한하고 예약한 경우만 입장을 시키고 있습니다.

한국에도 관광객 때문에 주민들이 불편을 호소하는 곳들이 있습니다. 그중 한 곳이 서울의 북촌입니다. 주민들은 낮밤 할 것 없이 관광객이 몰려들어 문밖을 나가기가 힘들고 소음 문제도 심각하다고 말합니다. 다짜고짜 대문을 열고 들어오는 관광객도 많다고 합니다. 주민들이 오랫동안 불편을 호소하자 서울시 종로구는 2024년 11월 1일부터 오후 5시부터 다음 날 오전 10시까지 관광객 출입을 금지하는 조치를 시작했습니다. 그러나 주민들은 그것이 근본적인 해결책이 될 수는 없고 "관광과 주민이 공존하는 방법을 찾아야 한다"고 말하고 있습니다.

세계 곳곳의 유명 관광지들은 관광객을 줄이기 위해 여러 가지 방법을 시도하고 있습니다. 관광세를 받거나, 관광객이 제한된

서울 북촌의 관광객들 모습.

곳만 방문하게 하거나, 유적의 유지와 보수를 위해 입장료를 올리는 등의 방법입니다. 그러나 이런 방법이 정말 관광객을 줄일 수 있을지는 의문입니다. 이런 방법이 본격적으로 적용되기 시작한 2024년에는 거의 효과를 보지 못했습니다. 돈 쓸 준비를 한 관광객들이 비용이 조금 더 든다고 관광을 포기하지는 않았기 때문입니다.

왜 관광객을
거부하는가

관광은 많은 국가와 도시의 중요한 수입원 중 하나입니다. 국가와 도시는 관광객을 끌어들이기 위해 많은 돈을 들여 홍보를 하고 관광객의 흥미를 끌 시설과 행사를 만듭니다. 그런데 어떤 곳들은 관광객 줄이기에 나서고 있습니다. 관광객이 많으면 불편할 수 있지만 관광 수입을 올리려면 어느 정도는 참아야 한다는 생각이 들기도 합니다. 관광객들이 쓰는 돈은 확실히 경제에 도움이 되니까요. 그런데도 많은 유명 관광 국가와 도시가 관광객 줄이기에 나선 이유는 뭘까요.

관광객을 줄이려는 가장 큰 이유는 관광객 증가가 주민들의 삶의 질을 떨어뜨리고 심지어 기본적인 생활의 유지마저 힘들게 하기 때문입니다. 관광객이 많을 때 생기는 가장 흔한 문제는 교통난, 소음, 쓰레기 문제 등입니다. 흔히 볼 수 있는 문제지만 관광객들은 자기만족이 우선이라 이런 문제에 둔감한 편입니다. 자기가 사는 곳이 아니니 주인의식이 없고 문제의식도 높지 않습니다. 주민들이 의료 서비스 이용에 불편을 겪기도 합니다. 의료 기관이 감당할 수 있는 숫자를 훨씬 넘는 관광객이 몰리기 때문입니다. 식수 이용에도 문제가 생깁니다. 보통 관광객은 물 절약에 관심이 없고 관광객을 위한 리조트나 풀장 등에는 많은 물이 들어갑니다. 수자원이 부족한 섬들에서는 이런 점이 큰 문제입니다. 카리브해, 그리스, 하와이의 섬 들은 관광 성수기에는 주민들이 식수 부족을 겪곤 합니다. 주민들은 한정된 자원을 관광객과 나눠 써야 하는데 관광객이 우선이 되는 경우가 많습니다. 일부 몰지각한 관광객들이 문화유산을 훼손하는 일도 생각보다 자주 생깁니다. 이런 여러 문제 때문에 많은 주민이 불편함을 느끼고 관광객을 줄여야 한다고 주장합니다. 하지만 그나마 이런 일은 감수할 수도 있는 일에 속합니다.

주민의 삶을 위협하는 심각한 문제는 물가 상승입니다. 그중에서도 주택 가격 상승이 가장 큰 문제입니다. 관광객이 몰리면 제일 먼저 생기는 게 숙박 시설입니다. 호텔과 공유 숙박 주택이 늘어나고 주민이 살 수 있는 주택은 줄어듭니다. 그 결과 집세가 상승하고 이를 감당할 수 없는 사람들이 늘어납니다. 바르셀로나의 경우 10년 동안 집세가 68퍼센트나 상승했고 그래서 집세 부담을 나누기 위해 2~4명이 함께 사는 게 흔한 일이 됐습니다. 집을 구하지 못해 차나 텐트에서 살기도 합니다. 카나리아 제도에는 동굴에서 생활하는 사람들도 있습니다. 한 주민은 한 달 수입이 900유로인데 월세가 800유로라면서 이마저도 싼 수준이라고 말했습니다. 주택 부족과 집세 상승으로 주민들은 어려움을 겪고 관광객 증가로 이익을 보는 건 호텔이나 공유 숙박 업체입니다. 그래서 주민들은 호텔 건축에 반대하는 시위를 합니다.

2024년 6월 바르셀로나는 관광객에게 아파트를 빌려주는 임대업을 2028년까지 금지한다고 발표했습니다. 이미 발부된 임대업 허가증도 2028년까지 없애기로 했습니다. 시가 이런 결정을 한 이유는 관광객을 위한 임대업이 주택 불평등 문제를 만드는 주요한 요인이라고 판단했기 때문입니다.

또 다른 심각한 문제는 도시가 계속 주민이 아니라 관광객을 위한 공간으로 변해 간다는 점입니다. 관광객을 위한 투자와 시설은 늘지만 주민을 위한 투자나 시설은 줄어듭니다. 관광객을 위한 카페와 기념품 가게는 늘지만 주민에게 필요한 빵 가게나 식료품 가게는 줄어듭니다. 그 결과 도시는 관광객에게는 편하지만 주민에게는 불편하게 변합니다. 이런 변화로 인해 주민들은 낮은 임금

아테네의 아크로폴리스 모습.

을 받는 관광업 노동자가 됩니다. 이익을 얻는 건 투자를 한 일부 부자나 숙소와 항공권 예약을 받는 회사들입니다.

지나치게 많은 관광객으로 문화유산이나 자연환경이 훼손되는 사례도 많습니다. 아테네의 아크로폴리스와 캄보디아의 앙코르 와트 등은 너무 많은 관광객 때문에 문화유산인 돌바닥과 돌계단 등을 보존하는 데 어려움을 겪고 있습니다. 금빛 모래사장과 수정처럼 맑은 바다, 그리고 영화 촬영지로도 유명한 태국 피피섬의 마야 베이는 하루 200척의 배와 5,000명의 관광객이 방문하는 유명 관광지였습니다. 그런데 배의 잦은 출입과 사람들이 함부로 버린 쓰레기, 수영하는 사람들 몸에서 씻겨 나온 썬크림 때문에 이곳에 서식하던 산호초의 80퍼센트 이상이 죽고 말았습니다. 태국 정부는 2018년 6월 이곳을 일시적으로 폐쇄했습니다. 2022년 초에 다시 관광객을 받기 시작했는데 보트와 수영 금지, 방문자 수 제한, 방문 시간 1시간 이내 등의 조치를 통해 엄격하게 관리하고 있습니다.

도시가 관광객을 위한 곳으로 변하면서 주민들은 정체성에 위협을 느끼기도 합니다. 이전의 생활 환경과 방식이 점차 사라지기 때문입니다. 주민들은 더는 한가한 카페에서 이웃과 차를 마시고 저녁에는 여유롭게 동네를 산책하던 일을 할 수가 없습니다. 동네의 작은 상점에서 이웃과 만나 얘기를 나누던 일도 할 수 없습니다. 대신 곳곳마다 넘쳐 나는 관광객들과 그들이 만드는 소음과 쓰레기에 지쳐 갑니다. 호텔 건축과 관광 시설 개발로 주민들에게 의미 있는 장소와 자연환경이 사라지기도 합니다. 이런 변화 때문에 유명 관광지의 많은 주민은 관광객 증가가 자신들의 정체성과 도시를 위협한다고 생각합니다.

'과잉 관광'은
왜 생겼는가

한 유명 언론사가 2023년도에 관광객이 많아서 최악이었던 도시를 선정했습니다. 암스테르담, 아테네, 발리, 바르셀로나, 마이애미, 파리, 푸켓, 베니스 등이었습니다. 이들 이외에도 비슷한 상황인 도시는 많습니다. 이런 상황을 설명하는 말이 오버투어리즘 (overtourism)입니다. 한국어로는 과잉 관광이라 부릅니다.

과잉 관광은 한 지역에 관광객이 너무 많아 주민들의 생활 환경과 지역 사회에 부정적인 영향을 미치고 관광객들도 부정적인 경험을 하게 되는 상황을 말합니다. 그럼 어느 정도의 관광객이 있으면 과잉 관광으로 부를까요? 이건 관광지의 상황에 따라 다릅니다. 관광객 수용 능력, 관리 능력, 또는 자연환경이 감당할 수 있는 수준 등이 과잉 관광을 판단하는 기준이 됩니다. 관광지가 관광객을 더는 잘 관리할 수 없고 관광이 미치는 긍정적인 영향, 그러니까 관광객의 높은 만족도, 주민의 경제적 이익, 관광객과 주민과의 문화적 교류와 공감대 형성, 상호 이해의 향상 같은 것보다 부정적인 영향이 클 때 과잉 관광이라고 합니다. 부정적인 영향은 주민의 일상생활 위협, 관광객의 불편함과 불만족 심화, 관광객과 주민과의 관계 악화 같은 것입니다. 앞에서 사례로 든 여러 도시는 부정적 영향이 더 커서 과잉 관광 문제가 생긴 곳들입니다.

그렇다면 과잉 관광은 왜 생기는 걸까요? 전문가들은 여러 가지 이유를 듭니다. 공통적으로 지적하는 몇 가지 중 첫 번째는 세계적으로 중산층이 증가했다는 겁니다. 중산층의 기준은 사회마다 조금씩 다릅니다. 하지만 보통은 경제적으로 어려움이 없고 문화생활이나 여가 활동을 반드시 필요하고 가치 있는 일로 생각하며 실행에 옮길 여유가 있는 사회 계층을 말합니다. 그런 여가 활동 중 하나가 바로 관광입니다. 중산층은 정기적인 해외 관광을 당연한 일 중 하나로 생각합니다. 전 세계 중산층이 계속 늘고 있으니 관광객도 계속 늘어날 수밖에 없습니다.

또 다른 이유는 수십 년 전에 비해서 낮아진 관광 경비입니다. 물론 액수로만 보면 해외 관광 비용은 꽤 큽니다. 그러나 따져 보면 저가 항공사, 공유 숙박 업체, 항공권 및 숙박 예약 업체 등이 많아지고 경쟁이 치열해져서 사실상 비용은 예전보다 줄었습니다. 그 결과 많은 사람이 시간과 어느 정도의 비용을 투자하면 해외로 관광을 갈 수 있게 됐습니다. 그래서 이제는 개발도상국에도 가족 단위로 해외 관광을 하는 사람들이 많습니다.

세계화의 심화와 SNS의 발달 또한 중요한 이유 중 하나입니다. 세계화는 정치, 경제, 문화 등 여러 분야에서 국가 간에 교류가 증가해 개인과 집단이 갈수록 하나의 세계 안에서 살아가게 되는 과정을 말합니다. 이제 세계화는 모든 면에서 최고 수준에 도달했고 세계 곳곳과의 교류와 정보 공유는 일상이 됐습니다. 이런 이유로 멀고 생소한 사회에 대한 정서적 거리감이나 두려움은 사라지고 직접 가서 보고 경험하기를 원하는 사람들이 많아졌습니다. SNS의 확산으로 세계의 유명한 도시, 유적, 자연환경 등에 대한 사람들의 호기심과 동경심, 그곳을 직접 방문하고 싶은 욕구가 높아졌습니다. 세계 곳곳의 유적과 자연환경을 직접 보고 경험을 하는 것을 인생의 중요한 일이자 가치로 생각하는 사람도 늘었습니다. 이런 모든 것이 관광객이 증가하는 또 다른 이유입니다.

또 하나의 이유는 더 많은 관광객을 유치하기 위해 국가와 도시가 많은 노력을 했기 때문입니다. 관광객은 경제에 도움이 되니까요. 관광업은 세계 경제에서도 중요한 위치를 차지합니다. 코로나19가 발생하기 이전인 2019년에 관광업은 전 세계 GDP의 10.4

퍼센트를 차지했습니다. 코로나19가 끝나기 시작한 2023년에는 전 세계 GDP의 9.1퍼센트를 차지했습니다. 코로나19로 급락했던 관광객과 관광 수입은 2023년에 코로나19 이전 수준을 거의 회복했습니다. 과잉 관광의 문제를 겪고 있는 유럽 국가들에서도 관광 수입은 국가 경제에서 중요한 역할을 합니다. 2023년 기준으로 관광 수입은 그리스의 경우 GDP의 19.2퍼센트, 스페인은 14.5퍼센트, 이탈리아는 10.5퍼센트, 네덜란드는 9.6퍼센트, 프랑스는 8.8퍼센트 등이었습니다.

지금까지 설명한 이유들을 보면 과잉 관광과 관련해 딱히 비난할 대상도, 책임을 져야 할 사람도 없어 보입니다. 과잉 관광은 좋은 의도와 자연스러운 변화가 낳은 예상치 못한 결과인 것 같습니다. 그럼에도 한 가지 지적할 건 있습니다. 바로 가까운 미래를 내다보지 못하고, 무엇보다 '지속 가능한 관광'에 관심을 두지 않고 관광객 불리기에만 급급한 국가와 도시, 그리고 관광 업계입니다.

유엔 세계관광기구는 지속 가능한 관광을 "관광객, 관광업, 환경, 지역 공동체의 필요를 충족시키면서 현재와 미래의 경제적, 사회적, 환경적 영향을 모두 고려하는 관광"이라고 설명하고 있습니다. 그런데 애초에, 그리고 문제가 생긴 후에도 많은 나라들은 지속가능한 관광에 관심을 두지 않았습니다. 그 결과 결국 유명 관광지의 주민이 고통을 받고 관광객을 비난하는 상황에까지 이르게 된 겁니다.

'책임 관광'이란

과잉 관광은 세계가 직면한 큰 문제지만 해결이 쉽지 않습니다. 세계 인구가 늘고 경제가 성장하면 더 많은 관광객이 생길 수밖에 없습니다. 또 관광객이 갑자기 너무 많이 줄면 국가와 도시의 수입이 줄고 관광업과 그에 종사하는 노동자들이 어려움을 겪을 수 있습니다. 코로나19 때처럼 말입니다.

코로나19 이전인 2019년에 관광업은 세계 직업의 10.5퍼센트를 차지했습니다. 2024년에는 세계적으로 약 3억 4,800만 개의 일자리를 만들어 2019년의 수준을 뛰어넘었습니다. 그렇지만 관광업이 만드는 일자리 때문에 과잉 관광으로 고통을 호소하고 나아가 물가와 집세 인상 등으로 생활고를 겪는 주민들을 외면할 수도 없습니다.

모두에게 유익한 해결책은 없을까요. 관광객, 국가, 도시, 관광업자, 노동자, 주민 등 모두가 각자의 위치에서 책임감을 가지고 이 문제를 고민해야 합니다. 이런 맥락에서 나온 용어가 '책임 관광'입니다. 이는 환경, 경제, 사회 등 관광과 관련된 모든 면이 서로 연결되어 있음을 인식하고 각자의 자리에서 관광이 부정적인 영향을 낳지 않도록 노력하는 것을 말합니다. 특히 관광객은 자기 행동에 책임을 지는 노력을 해야 합니다. 의도하지 않았더라도 관광지에 피해를 줄 수 있으니까요. 지역의 경제와 사회에 부정적 영향을 끼치지 않고 자연환경을 보호하고 지역 문화와 전통을 존중하는 의식과 태도를 갖는 것이 무엇보다 중요합니다.

책임 관광은 앞에서 말한 지속 가능한 관광과도 통하는 용어입니다. 그러나 일부 시민 단체들은 지속 가능한 관광은 사실상 불가능하다고 말합니다. 관광을 위해 비행기를 타는 것 자체가 기후 변화의 원인인 탄소를 발생시키는 행위이고 그건 지속 가능한 방법이 아니라는 것이지요. 유엔 세계관광기구는 2030년이 되면 관광 관련 교통수단이 배출하는 탄소의 양이 전체 탄소 배출의 약 5.3퍼센트를 차지하게 될 거라고 밝혔습니다. 이런 이유로 환경 운동을 하는 사람 중에는 비행기 이용을 최대한 줄이거나 아예 하지 않는 경우도 있습니다. 탄소 발생 문제 때문에 관광을 아예 하지 말아야 한다는 건 아니지만 적어도 관광 증가가 기후 변화에도 영향을 미친다는 걸 아는 건 필요합니다.

책임 관광을 주장하는 시민 단체들은 과잉 관광을 만들지 않도록 관광객이 고려할 몇 가지를 제시합니다. 그중 하나는 관광객이 많은 계절을 피하는 것입니다. 관광객은 보통 초여름부터 한여름에 몰리고, 그래서 다른 계절에는 호텔이나 상점 등이 한산합니다. 그러므로 성수기를 피하고 주말을 피하는 것도 좋은 선택이라고 말합니다. 또 하나는 법적 허가를 받은 숙소에 머무는 것입니다. 불법 숙소들은 관광세를 받지 않는데 이런 작은 이익 때문에 불법 숙소를 선택하면 계속해서 그런 숙소들이 늘어나게 됩니다. 그 결과 주민들의 살 집이 줄어들고 집세가 올라갑니다. 유명 관광지가 아니라 작은 도시나 시골에 가 보는 것도 좋은 선택입니다. 그런 곳에서 주민들과 접촉하면서 예상치 못한 경험을 할 수 있습니다.

시민 단체들은 또 크루즈 관광은 경계해야 한다고 말합니다. 크루즈 관광은 크루즈선을 타고 다니다 유명 관광지에 몇 시간씩 들르는 식의 관광입니다. 크루즈선이 도착하면 한꺼번에 1,500명에서 7,000명 정도의 관광객이 도시로 쏟아져 들어옵니다. 그들이 유명 관광지에 몰리면 주민과 관광객 모두 대규모 인파와 소음으로 불쾌하고 불편한 경험을 하게 됩니다. 크루즈 관광객들은 대부분 몇 시간만 머물고 떠나기 때문에 지역 경제에도 도움이 되지 않습니다. 이런 이유로 관광객이 많은 여러 도시가 이미 크루즈선의 입항을 금지하고 있습니다.

관광객들은 현지인의 환영을 받을 때 더 방문한 보람을 느끼고 그것 또한 관광의 일부입니다. 관광객은 자신이 현지 경제에 도움을 주기 때문에 환영을 받을 자격이 있다고 생각합니다. 그래서 현지 주민들로부터 "관광객은 집에 가라"는 소리를 들으면 억울한 생각이 들기도 합니다. 그런데 많은 유적과 볼거리가 있는 유명 관광지도 결국 평범한 사람들이 생활하는 곳입니다. 그들은 자신들의 삶과 생활 방식을 유지할 권리가 있습니다.

물론 주민들의 불편을 해결해야 할 가장 큰 책임은 국가와 도시에 있습니다. 그러나 관광객의 협조가 없으면 국가와 도시의 노력만으로는 과잉 관광 문제를 해결할 수 없습니다. 관광객이 세계시민 의식을 가지고, 주민들의 어려움에 공감하면서 과잉 관광 문제의 해결을 위해 함께 노력해야 합니다. 방문하는 관광객도 방문객을 맞는 주민도 모두 웃을 수 있는 방법을 찾아야 합니다. 과잉 관광 문제는 함께 만든 문제이고 결국 함께 해결해야 할 문제입니다.

3.
기후는 매일 기록을 갱신한다

탄소세의 시대

2024년 6월 26일 덴마크는 2030년부터 소, 양, 돼지 같은 가축에서 나오는 메탄에 세금을 부과한다고 발표했습니다. 가축의 트림, 방귀, 분뇨에서 나오는 메탄은 지구 온난화와 기후 변화의 주범인 이산화탄소와 같은 온실가스입니다. 지구 온실가스의 11퍼센트 정도를 차지하는 메탄은 양은 적지만 온실 효과는 이산화탄소의 80배가 넘습니다. 가축에서 나오는 온실가스에 세금을 부과하는 건 세계에서 처음 있는 일입니다.

덴마크는 낙농업이 발달한 국가로 유제품과 육류를 많이 수출합니다. 이렇게 낙농업이 중요한데도 가축의 메탄에 세금을 부과하기로 한 이유는 두말할 필요 없이 온실가스를 줄이기 위해서입니다. 덴마크는 북유럽에서 가장 많이 온실가스를 배출하는 국가입니다. 메탄은 이산화탄소로 환산해서 세금이 부과됩니다. 덴마크의 소 한 마리는 일 년에 약 6.6톤의 이산화탄소를 배출합니다. 이번 결정에 따라 2030년부터 낙농업자들은 가축에서 나오는 1톤의 이산화탄소에 300크로네(약 6만 원)의 세금을 내야 합니다.

2035년부터는 1톤당 750크로네(약 15만 원)로 인상됩니다. 낙농업자들의 부담이 클 것을 우려해 정부는 세금 중 60퍼센트를 감면해주기로 했습니다. 메탄은 가축뿐만 아니라 쓰레기 매립지, 원유와 천연가스 시설 등에서도 나오는데 특히 2020년 이후 빠르게 증가하고 있습니다. 그래서 전 세계가 메탄을 줄이려고 노력하고 있는데 덴마크의 결정이 다른 국가에도 영향을 미칠지 세계가 주목하고 있습니다.

독일의 루프트한자 항공사는 2025년 1월 1일 항공편부터 승객에게서 '환경 비용 부담금'을 받기로 했습니다. 비행기의 이산화탄소 배출을 줄이는 지속 가능 항공 연료(sustainable aviation fuel/SAF)의 비용을 충당하기 위해서입니다. 유럽에서 출발하는 루프트한자 비행기를 이용하는 모든 승객은 비행거리에 따라 1유로(약 1,500원)에서 72유로(약 10만 8,000원)의 추가 금액을 지불해야 합니다. 승객에게서 이산화탄소 배출 감축 비용을 받는 건 처음 있는 일인데 다른 항공사들도 따를 가능성이 있습니다. 루프트한자가 이런 결정을 하게 된 이유는 이산화탄소 배출 감축에 가장 효과적인 연료인 SAF가 생산량이 적어서 일반 연료보다 다섯 배나 비싸기 때문입니다. 2023년 기준으로 SAF 생산량은 전 세계 항공업계가 필

독일 최대의 항공사인 루프트한자의 본사.

요로 한 양의 0.53퍼센트에 불과했습니다.

루프트한자가 이산화탄소 배출 감축 노력을 하는 이유는 유럽연합의 결정 때문입니다. 유럽연합은 2022년 12월에 유럽 내에서 운행하는 비행기들의 이산화탄소 배출량을 강력히 규제하기로 결정했습니다. 유럽연합은 유럽 내 노선에 대해서는 일정량의 이산화탄소를 배출하도록 허락하고 있는데 그 양을 점차 줄여 2026년까지 모두 없애기로 했습니다. 2027년부터 항공사는 배출하는 이산화탄소의 양에 따라 돈을 내야 합니다. 이제 항공사들은 이산화탄소 배출량을 줄이는 방법을 찾을 수밖에 없게 됐습니다. 그중 하나가 이산화탄소 배출이 적은 연료로 바꾸는 것인데 문제는 비용이 많이 든다는 겁니다. 이것이 루프트한자가 승객에게 환경 비용 부담금을 적용하게 된 이유입니다. 항공기는 전 세계 탄소 배출량의 약 2.5퍼센트를 차지합니다.

가축의 메탄에 대한 세금, 항공사의 이산화탄소 배출에 대한 비용 등을 모두 탄소세라 부릅니다. 지구 온난화와 기후 변화를 만든 원인인 이산화탄소 배출에 대해 세금을 부과하는 겁니다. 탄소세를 가장 적극적으로 적용하고 있는 건 유럽 국가들입니다. 1990년 핀란드가 세계 최초로 탄소세를 도입했고 2024년 중반 기준으로 유럽의 23개국이 여러 형태의 탄소세를 부과하고 있습니다. 그 외에 멕시코, 콜롬비아, 아르헨티나, 남아프리카공화국, 일본, 캐나다 등이 탄소세를 부과하고 있습니다.

가축과 비행기의 온실가스 배출에 탄소세가 부과되면 전 세계 유제품과 육류 가격, 항공권 가격이 오를 수밖에 없습니다. 소비자에게 기쁜 소식은 아닙니다. 하지만 모두 지구 온난화와 기후 변화를 늦추기 위한 노력이고 전 세계를 위한 일입니다. 그러니 다른 국가보다 앞서 탄소세를 부과하는 국가들에 오히려 감사해야 합니다. 하지만 탄소세만 가지고 이산화탄소 배출을 크게 줄일 수는 없고 탄소세의 효과가 나타나려면 시간이 오래 걸립니다. 그래서 국제기구와 환경 단체 등은 육류 소비와 비행기 이용 줄이기 등 일상생활에서 세계시민의 적극적인 동참이 필요하다고 말합니다.

다시 최악,
늘어나는 기후소송

2024년 한국은 최악의 여름을 보냈습니다. 기상청의 발표에 따르면 2024년 여름철 평균 기온은 25.6도로 평년보다 1.9도나 높았고 야간 최저 온도가 25도가 넘는 열대야 일수는 평년보다 3.1배나 많았습니다. 1973년 기상 관측 이후 최고의 기록이었습니다. 더위는 9월 말까지도 계속됐습니다. 2024년이 지금까지 가장 더운 여름이었지만 모두가 이것이 마지막도, 최악도 아니라는 걸 알고 있었습니다.

2024년 세계 곳곳의 폭염은 한국보다 심각했습니다. 인도, 방글라데시, 캄보디아, 미얀마, 베트남 등에서는 4월부터 40도를 훌쩍 넘기는 날이 계속됐습니다. 아시아와 아프리카 국가들에서는 폭염 때문에 학교가 문을 닫기도 했습니다. 사우디아라비아에서는 50도가 넘는 폭염 때문에 성지 순례를 하던 사람들 중 1,300명 이상이 목숨을 잃었습니다. 이탈리아와 그리스는 폭염으로 관광객이 탈진하거나 죽는 일이 발생하자 관광지를 폐쇄하기도 했습니다. 유럽과 아시아 곳곳에서 40도를 훌쩍 넘긴 날들이 계속됐고 중동과 아프리카에는 50도를 넘긴 곳도 많았습니다.

유럽연합의 기후 대응 기구인 코페르니쿠스 기후 변화 서비스(Copernicus Climate Change Service)는 2023년 7월부터 2024년 10월까지 16개월 동안 지구 평균 온도가 산업화 이전(1850~1900년)보다 1.5도가 높았다고 밝혔습니다. 세계는 지구 온난화와 기후 변화가 가져올 재앙을 막기 위해 지구 온도를 산업화 이전보다 1.5도 이상 높지 않게 관리하기로 했습니다. 그런데 일시적이지만 1.5도 이상 상승이 이미 현실이 된 겁니다. 코페르니쿠스 기후 변화 서비스는 2024년이 지구 역사상 가장 더운 해였고 처음으로 산업화 이전보다 1.5도가 높은 해였다고 밝혔습니다. 2024년 7월 유엔 사무총장은 "지구 온난화(global warming) 시대는 끝났다. 이제 지구가 펄펄 끓는(global boiling) 시대"라며 기온 상승 도전에 세계가 함께 맞서야 한다고 했습니다.

2020년 3월 한국의 청소년 환경 단체인 청소년기후행동의 회원 19명이 헌법소원을 냈습니다. 헌법소원은 정부가 어떤 일을 하거나 또는 하지 않아서 기본권이 침해받았다고 여기는 사람이 헌법재판소에 권리를 찾아 달라고 요청하는 겁니다. 청소년 19명은 정부의 잘못된 온실가스 감축 목표와 기후 변화 대응 정책이 헌법에 보장된 '환경권'과 같은 기본권을 침해한다고 주장했습니다. 이것은 아시아 최초의 기후소송이었습니다.

기후소송은 지구 온난화 및 기후 변화 대응과 관련된 정부 정책의 문제점을 지적하고 바로잡을 것을 요구하는 소송입니다. 청소년들의 기후소송 뒤에 시민 123명, 영유아 62명, 시민 52명 등이 각각 다른 기후소송을 냈습니다. 헌법재판소는 4개의 헌법소원을 모두 심리한 뒤 2024년 8월 29일에 정부의 부족한 기후 위기 대응이 국민의 기본권을 침해한다는 판단을 내렸습니다. 정부가 2030년까지의 온실가스 배출량 감축 목표는 세웠지만 그 뒤의 감축 계획은 제시하지 않았다는 것이었습니다. 헌법재판소는 이것이 미래 세대에게 큰 부담을 지우는 일이라고 지적했습니다. 헌법재판소의 결정에 따라 정부와 국회는 2026년 2월 28일까지 감축 목표를 다시 제시해야 하게 됐습니다.

2024년 4월 9일 유럽인권재판소는 스위스 정부가 기후 변화에 제대로 대응하지 못해 국민의 인권을 침해했다고 판결했습니다. 이 기후소송은 스위스의 64세 이상 여성 2,000명이 제기한 것이었습니다. 이들은 노년 여성들이 폭염 같은 기후 변화에 취약한

데도 충분한 기후 변화 대응을 하고 있지 않다며 스위스 정부를 고소했습니다. 이 판결은 기후 변화 대응이 인권 보호와 관련되어 있고 국가가 기후 변화 대응에 책임이 있다고 인정한 역사적인 판결이었습니다. 그리고 국가가 기후 변화에 제대로 대응하지 못하면 인권 침해로 고소당할 수 있음을 보여 준 사례였습니다.

세계 곳곳에서 수백 건의 기후소송이 진행 중입니다. 2013년에 시작된 네덜란드 위르헨다 소송은 시민이 정부를 상대로 제기한 세계 최초의 기후소송이었는데 대법원까지 가서 마침내 2019년에 승소했습니다. 대법원은 네덜란드 정부에 국민의 기본권을 위해 온실가스를 감축하라고 명령했습니다. 2021년 4월 독일에서도 헌법재판소가 기후소송을 낸 젊은 환경운동가 9명의 손을 들어줬습니다. 이들은 정부의 온실가스 감축 목표가 낮아서 미래 세대에 부담이 될 수 있다고 했고 헌법재판소는 정부에게 감축 목표를 수정하라고 명령했습니다.

기후소송을 제기하는 이유는 크게 두 가지입니다. 하나는 정부의 정책을 바꾸기 위해서고, 다른 하나는 시민의 경각심을 높이기 위해서입니다. 가장 큰 이유는 온실가스를 크게 줄이지 않으면 기후 변화를 늦출 수 없고 지구에 재앙이 닥칠 것이 불을 보듯 뻔

하기 때문입니다.

우리 모두 이번 여름, 또는 머지않은 미래에 최악의 기록이 깨질 것임을 알고 있습니다. 그런데도 많은 사람이 기후 변화에 관심을 가지지 않거나 관심을 가져 봤자 변하는 건 없다고 생각합니다. 그러나 온실가스 배출량을 줄이기 위해, 그리고 세계시민의 역할을 다하기 위해 열심히 행동하는 사람들은 세계 곳곳에 있습니다.

반복되는 자연재해와
농업의 위기

2024년 4월 국제포도와인단체는 2023년 세계 와인 생산량이 1962년 이후 최저치를 기록했다고 밝혔습니다. 이 단체에는 세계 포도 농장의 75퍼센트를 차지하는 50개국이 회원으로 가입되어 있습니다. 단체는 기후 변화로 인한 가뭄, 잦은 봄비로 인한 곰팡이병, 홍수 등의 이유로 포도 생산량이 감소했다고 밝혔습니다. 특히 남부 유럽 국가들의 와인 생산량이 감소했는데 이탈리아는 일 년 전보다 22퍼센트, 스페인은 20퍼센트나 감소했습니다. 이탈리아는 홍수가, 스페인은 가뭄이 주요 원인이었습니다.

한국에서는 2023년 가을 이후 사과 가격이 폭등했습니다. 2023년 11월 사과 가격은 일 년 전보다 두 배 이상 올랐습니다. 봄의 높은 온도, 여름의 폭우와 긴 장마, 가을의 고온 같은 이상 기후로 사과 생산량이 크게 줄었기 때문입니다.

미국의 복숭아 재배자들은 2023년 여름에 수확을 거의 하지 못했습니다. 따뜻한 겨울, 일찍 온 봄, 급작스러운 기온 상승과 하락의 반복으로 복숭아가 제대로 크지 않았기 때문입니다. 이런 과일 외에도 배, 망고, 자두, 오렌지, 바나나 등 세계 곳곳에서 거의 모든 과일의 생산량이 기후 변화와 이상 기후 때문에 감소하고 있습니다.

가장 큰 문제는 세계인의 주식인 쌀과 밀의 생산이 감소하고 있다는 겁니다. 과일은 안 먹어도 살 수 있지만 주식은 그렇지 않으니 말 그대로 위기입니다. 2024년 2월 세계경제포럼은 기후 변화로 가장 큰 영향을 받는 작물 5개를 선정했는데 그중 하나가 쌀입니다. 2023년 7월 아시아의 쌀 가격은 2년 만에 가장 많이 올랐습니다. 잦은 가뭄과 홍수로 쌀 생산량이 줄었기 때문입니다. 인도는 일부 쌀의 수출을 중단했습니다. 쌀 가격이 상승하자 인도네시아는 빈곤층에 대한 쌀 지원을 늘렸습니다. 이탈리아, 미국 등의 쌀 생산량도 감소하고 있습니다.

밀 생산도 오래전부터 기후 변화의 영향을 받고 있습니다. 지구 온도 상승으로 밀 생산량은 1980~2010년 기간에 5.5퍼센트나 줄었습니다. 연구자들은 기후 변화로 인한 잦은 폭염, 가뭄, 홍수 등으로 인해 2050년까지 세계 밀 생산량이 1.9퍼센트 하락할 것으로 예상했습니다. 그런데 아프리카 국가들에서는 15퍼센트, 남

아시아 국가들에서는 16퍼센트나 감소할 것으로 예상했습니다. 두 지역은 빈곤 인구가 많은 곳입니다.

기후 변화로 생산량이 많이 감소하고 있는 농작물 중에는 올리브, 콩, 감자도 있습니다. 올리브는 세계 많은 곳에서 식용유로 쓰이는 올리브유의 원료입니다. 그러나 가뭄과 폭염으로 올리브 생산이 줄었습니다. 가장 큰 타격을 입은 건 세계에서 올리브유를 제일 많이 생산하는 국가 중 하나인 스페인입니다. 2022년과 2023년 스페인의 올리브 생산량은 반으로 줄었고 올리브유 가격은 2022년 이후 두 배 이상 올랐습니다. 콩의 경우 미국의 생산량은 2021년부터 계속 줄고 있고 2023년 아르헨티나의 생산량도 2015년 이후 가장 적었습니다. 모두 극심한 가뭄 때문이었습니다. 유럽의 벨기에, 프랑스, 영국, 네덜란드 등에서는 홍수로 감자 생산량이 크게 줄었습니다. 많은 농가가 감자 수확 자체를 포기했고 그 결과 감자 가격이 급등했습니다.

올리브, 콩, 감자 등만 기후 변화의 영향을 받는 게 아닙니다. 많은 종류의 농작물이 잦은 가뭄, 폭염, 홍수, 그리고 급작스러운 날씨 변화 때문에 생산량이 줄고 가격이 오르고 있습니다. 기후 변화로 먹고사는 게 전 세계적으로 큰 문제가 되고 있습니다.

2024년 3월 14일 인도의 뉴델리에 수천 명의 농민이 모여 정부의 농업 정책에 항의하는 시위를 벌였습니다. 농민들의 요구는 농산물 최소 가격과 농민의 수익을 보장해 달라는 것이었습니다. 농사를 지어도 빚만 지는 상황을 더는 참을 수 없다고 했습니다. 인도에서는 지난 수십 년 동안 많은 농민이 자살했습니다. 2013년부터 2022년까지 10년 동안 약 11만 2,000명의 농민이 자살했다고 합니다. 매년 1만 명이 넘었습니다. 인도 인구가 많다고 해도 세계 어디에서도 볼 수 없는 규모입니다. 가장 큰 자살의 이유는 늘어나는 빚과 수확량 감소였는데 거기에는 가뭄과 폭염 같은 기후 변화의 영향이 있었습니다.

2024년 2월 26일 유럽연합 의회가 있는 벨기에의 브뤼셀에 여러 국가에서 온 수천 명의 농민과 900대가 넘는 트랙터가 모여 농업장관들에게 항의하는 시위를 했습니다. 27개의 유럽연합 회원국에서는 2023년 12월부터 2024년 6월까지 4,000건이 넘는 농민 시위가 있었습니다. 농민들은 높은 생산 비용, 낮은 농산물 가격, 싼 농산물 수입 때문에 힘들게 일해도 살기 힘들다고 했습니다. 일부 국가의 농민들은 온실가스를 줄이기 위한 유럽연합의 살충제 금지와 비료 사용 감축 같은 농업 규제 강화 계획에도 항의했습니다. 농업은 유럽연합 온실가스 배출량의 약 10퍼센트를 차지합니다. 유럽연합은 농업 분야의 온실가스를 줄이기 위해 노력했지만 2005년 이후 10년 동안 온실가스는 전혀 줄어들지 않았습니다. 유럽연합은 농민 시위로 온실가스 감축 계획 중 일부를 취소했습니다.

농업은 기후 변화의 영향을 가장 많이 받는 분야입니다. 기후 변화 때문에 전 세계 농민이 큰 어려움을 겪고 있습니다. 소비자 또한 농산물 생산 감소와 물가 인상으로 힘들어하고 있습니다. 그래서 기후 변화 시대에 세계의 과제는 농산물 수확량이 크게 줄지 않게 하는 겁니다.

또 다른 과제도 있습니다. 바로 기후 변화가 심해지는 걸 막기 위해 농업을 통해 배출되는 온실가스를 줄여야 한다는 겁니다. 농업은 세계 온실가스 배출량의 11퍼센트를 차지합니다. 그런데 농업을 통한 온실가스 배출량을 줄일 때는 농민들이 큰 타격을 받지 않게, 그리고 생산량이 크게 줄어들지 않게 해야 합니다. 결국 모든 문제를 함께 해결해야 하는데 어떻게 해결할지가 기후 변화 시대에 세계가 직면한 큰 도전입니다.

재생 에너지가
답이다

2024년 6월 5일 안토니오 구테레스 유엔 사무총장은 석탄, 석유, 가스 회사의 광고를 금지해야 한다고 했습니다. 그는 건강을 위해 담배 회사 광고를 금지하는 기준을 화석 연료를 생산하는 회사에도 적용해야 한다고 말했습니다. 이렇게 강한 어조로 말한 이유는 온실가스 대부분이 화석 연료를 통해 배출되기 때문입니다. 이 발언은 지구 온도가 12개월 연속 사상 최고였다는 연구 결과가 발표된 뒤에 나왔습니다.

화석 연료는 먼 옛날 지구상에 살았던 동물, 식물, 미생물 등의 잔해가 축적되고 부패해 만들어진 에너지 자원으로 석탄, 석유, 천연가스 등이 있습니다. 이런 화석 연료는 세계 에너지 자원의 약 80퍼센트를 차지합니다. 화석 연료의 생산과 이용을 통해 나오는 온실가스는 전체 온실가스 배출량의 약 75퍼센트를 차지합니다. 이중 석탄은 지금까지 지구 온도를 높이는 데 가장 큰 영향을 미쳤습니다. 석유에서 나오는 온실가스는 전 세계 배출량의 약 3분의 1을 차지합니다. 천연가스는 마치 깨끗한 에너지 자원처럼 선전되고 있지만 사실은 세계 온실가스의 약 5분의 1을 배출합니다. 그런데 석유나 천연가스를 생산하고 판매하는 회사, 또는 석탄을 이용해 화력발전소를 운영하는 회사 등은 오랫동안 진실을 숨기고 광고를 통해 화석 연료가 큰 문제가 없는 것처럼, 또는 온실가스가 별로 배출되지 않게 잘 관리하는 것처럼 얘기해 왔습니다. 유엔 사무총장은 바로 이런 문제를 지적한 것이었습니다.

2024년 4월 유럽연합의 화석 연료를 이용한 전기 생산량이 23퍼센트를 기록했습니다. 전기 소비가 증가했는데도 일 년 전보다 화석 연료 사용 비율이 4퍼센트 낮아졌습니다. 태양광과 풍력 발전, 수력 발전의 증가로 재생 에너지 발전 비율이 54퍼센트 이상이 됐기 때문입니다.

2023년 30퍼센트를 차지했던 석탄 발전은 8.6퍼센트로 급락했고 천연가스 사용은 12.1퍼센트로 일 년 전보다 22퍼센트나 줄었습니다. 화석 연료 발전이 가장 많이 감소한 국가는 독일로 일 년 전보다 26퍼센트나 줄었습니다. 2024년 3월까지 7개의 석탄 화력 발전소를 폐쇄했기 때문입니다. 두 번째로 화석 연료 발전이 줄어든 국가는 이탈리아로 24퍼센트나 감소했고 그다음은 스페인,

독일의 태양광 발전소와 풍력 발전소의 모습.

프랑스, 네덜란드 순이었습니다.

더 경이로운 소식도 있었습니다. 2024년 1월부터 4월까지 포르투갈의 재생 에너지 발전량 비율은 평균 91퍼센트를 기록했습니다. 재생 에너지 비율은 수력 48퍼센트, 풍력 30퍼센트, 태양광 7퍼센트, 바이오매스 6퍼센트였습니다. 바이오매스 발전은 식물과 동물에서 나오는 유기물을 직접 태우거나 가공해서 에너지를 생산하는 것을 말합니다. 포르투갈의 재생 에너지 비율은 2017년에 이미 54퍼센트로 전체의 절반을 넘겼습니다. 한편 영국은 2024년 9월 마지막으로 남은 석탄 화력 발전소를 폐쇄했습니다. 재생 에너지 발전 비율이 높아졌기 때문에 가능한 일이었습니다.

한국의 재생 에너지 비율은 2023년에 9퍼센트에 불과했습니다. 2022년 기준으로 한국의 전기 생산은 석탄 화력 발전 39.7퍼센트, 천연가스 17.3퍼센트, 석유 0.4퍼센트로 대부분 화석 연료 발전에 의존하고 있습니다. 원자력 발전은 41퍼센트였는데 이것은 온실가스는 배출하지 않지만 재생 에너지는 아닙니다. 또한 사고가 나면 피해가 크고 10만 년 이상 폐기물을 저장해야 하는 문제 때문에 사회적 부담이 큽니다.

2023년 전 세계 재생 에너지 발전량은 전체 에너지에서 30퍼센트가 넘었습니다. 한국의 비율은 세계 수준에 많이 뒤졌습니다. 이는 한국이 전기 생산을 위해 온실가스를 많이 배출하고 지구 온난화와 기후 변화에 악영향을 미치고 있음을 뜻합니다.

우리의 삶은 여전히 화석 연료 사용을 통해 유지되고 있습니다. 그런데 지구 온난화와 기후 변화가 심각해진 상황에서 현재와 미래의 인간이 살 수 있는 길은 화석 연료를 포기하는 것입니다. 하지만 우리는 다른 소비도 그렇지만 특히 전기는 포기할 수가 없습니다. 전기가 우리의 일상을 유지하고 기후 변화가 심해질수록 생존을 위해 전기를 더 써야 하는 상황이기도 합니다. 그래서 세계는 화석 연료 사용을 줄이는 대신 태양, 바람, 지열, 강, 바다 등 자연의 자원을 이용하는 재생 에너지 발전을 높여야 한다는 데 합의했습니다. 남은 과제는 어떻게 얼마나 빨리 바꿀 수 있느냐는 겁니다.

화석 연료 발전을 재생 에너지 발전으로 바꾸는 데는 많은 시간, 노력, 비용이 들어갑니다. 그러나 기후 변화는 인류의 생존을 위협하는 문제이기 때문에 반드시 해야 하는 일입니다. 그리고 많은 국가가 이미 어느 정도 성공을 거두고 있습니다.

유엔은 왜 '행복의 날'을 정했을까

행복은
개인의 일인가

국어사전은 행복을 "생활에서 충분한 기쁨과 만족감을 느끼어 흐뭇함. 또는 그러한 상태"로 정의합니다. 이 설명은 두 가지를 말해 줍니다. 하나는 행복이 감정적인 상태를 의미한다는 것이고, 다른 하나는 개인의 생각에 따라 행복할 수도 아닐 수도 있다는 겁니다. 그래서인지 우리는 행복을 각자의 마음가짐, 결심, 선택 등에 따라 얻을 수 있는 것으로 생각합니다. 행복하지 않다면 그건 각자 알아서 해결할 일이라고 생각합니다. 정말 그럴까요?

3월 20일은 유엔이 정한 국제 행복의 날입니다. 유엔 총회는 2012년 7월 12일에 매년 3월 20일을 국제 행복의 날로 기념하자고 결정했습니다. 유엔이 이날을 정한 이유는 모든 세계인이 행복해야 하고 행복할 권리가 있다고 생각했기 때문입니다. 그리고 모든 세계인의 행복을 위해 국제기구와 각국 정부가 함께 노력해야 한다는 걸 강조하기 위해서였습니다.

유엔은 행복한 사회를 만들기 위해 각국 정부가 지속적인 투자를 하고 효율적인 정책을 펴야 한다고 강조합니다. 이는 행복이 개인의 마음가짐과 선택이 아니라 삶을 안전하고 편안하게 만드는 사회의 환경에 달려 있다는 걸 말해 줍니다. 또한 개인이 고민하고 노력해야 할 일이 아니라 사회적으로, 정치적으로 다뤄야 하는 문제라는 걸 말해 줍니다. 그래서 유엔은 각국 정부가 지속가능개발목표를 달성하기 위해 노력해야 한다고 말합니다.

지속가능개발목표는 모든 세계인의 나은 미래를 위해 유엔과 국제 사회가 2016년부터 2030년까지 달성할 목표로 삼은 것입니다. 목표로 제시한 것은 모두 17개입니다. 빈곤 퇴치, 굶주림 해소와 지속 가능한 농업, 건강과 안녕, 양질의 교육, 양성 평등, 깨끗한 물과 위생, 깨끗하고 저렴한 에너지, 양질의 일자리와 경제 성장, 산업 혁신과 인프라 구축, 불평등 완화, 지속 가능한 도시와 공동체, 책임감 있는 소비와 생산, 기후 행동, 해양 생태계 보호, 육상 생태계 보전 노력, 평화와 정의를 위한 제도, 그리고 이 모든 목표를 달성하기 위한 전 지구적 협력 관계입니다. 이는 모두의 안전과 행복을 위해 세계가 반드시, 그리고 빨리 해결해야 하는 문제이기도 합니다.

지속가능개발목표는 개인의 행복이 사는 사회, 나아가 세계와

밀접하게 연관되어 있음을 말해 줍니다. 행복은 개인이 안전하고 편안할 때 느끼는 감정이고 분명히 개인의 삶의 문제입니다. 그런데 개인이 행복해지기 위해서는 적어도 개인의 행복을 방해하지 않는 사회가 필요합니다. 나아가 개인이 해결할 수 없는 많은 일을 다루고 해결해 주는 사회의 환경, 제도, 정책이 필요합니다. 예를 들어 직업이 없는 사람은 수입이 없으니 불행할 수밖에 없습니다. 그런 사람이 취업하기 위해서는 학벌, 성별, 외모 등으로 사람을 차별하지 않는 사회 환경이 필요하고, 차별을 막는 사회 제도와 법이 필요합니다. 경제를 발전시키는 국가의 노력과 정책도 필요합니다. 그리고 경제 발전을 위해서는 세계와의 협력이 필요합니다. 한 국가의 경제는 세계와 연결되어 있으니까요.

누구든 행복하게 살려면 굶주릴 정도로 빈곤하지는 않고, 일상 생활을 무리 없이 할 수 있을 정도로 건강하고, 자기 노력으로 미래를 결정할 수 있고, 자기 정체성을 인정받을 수 있어야 합니다. 그러나 개인의 노력만으로 이런 일을 해결할 수 없습니다. 굶주리지 않기 위해서는 적당한 임금을 보장하는 일자리가 필요하고, 건강하기 위해서는 적절한 노동 시간, 깨끗한 대기 환경, 보건 서비스 등을 보장하는 사회가 필요합니다. 자기 노력으로 미래를 결정할 수 있으려면 평등한 교육을 받고 다양한 선택을 할 기회를 가질 수 있어야 하고, 자기 정체성을 인정받으려면 포용적이고 차별 없는 사회가 만들어져야 합니다. 그러므로 개인이 행복해지기 위해서는 사회와 자연환경이 안전하고 건강해야 하고, 그것을 보장하는 사회 제도와 정책이 뒷받침되어야 합니다. 이 모두는 행복이 개인의 노력만으로 성취되는 것이 아님을 잘 설명해 줍니다.

무엇이 행복감을 느끼게 하는가

2013년 3월 20일 처음으로 국제 행복의 날이 지켜졌습니다. 이날에 맞춰 매년 〈세계 행복 보고서〉가 발표됩니다. 이 보고서는 2023년에 137개국의, 2024년에는 143개국의 행복도 순위를 발표했습니다. 국가의 행복도는 1인당 국내총생산(GDP), 개인에 대한 사회의 지원, 출생 시 건강하게 살 가능성, 삶에서 선택의 자유, 타인에 대한 관대함, 부패에 대한 인식 등 여섯 개의 항목을 평가해 매겨집니다. 1인당 GDP와 출생 시 건강하게 살 가능성은 국제기구의 자료를 참고하고 나머지를 위해서는 한 국가당 1,000명을 대상으로 설문조사를 해서 그 대답을 수집합니다.

2023년 보고서에서 1위를 차지한 국가는 핀란드였고 그다음은 덴마크, 아이슬란드, 이스라엘, 네덜란드, 스웨덴, 노르웨이, 스위스 등의 순이었습니다. 최하위 국가는 아프가니스탄이었고 그다음 하위 순위는 레바논, 시에라리온, 짐바브웨, 콩고공화국이었습니다. 2024년의 순위도 최상위와 최하위의 순위가 같았고 뒤이

<세계 행복 보고서>에서 1위를 차지한 핀란드 헬싱키의 국회의사당 모습.

은 순위도 거의 변화가 없었습니다. 이스라엘의 경우 2023년 10월 7일 시작된 이스라엘-하마스 간의 전쟁 영향이 거의 없을 때 조사가 이뤄져 그 영향이 반영되지 않았습니다. 한국은 2023년에 57위, 2024년에 52위를 차지했습니다.

왜 어떤 국가에 사는 사람들은 더 행복하고 다른 국가에 사는 사람들은 덜 행복할까요? 거기에는 개인의 소득, 건강, 처한 상황, 사회적 위치 등 여러 가지 이유가 있을 겁니다. 그런데 2023년의 <세계 행복 보고서>는 특히 정부의 효율성, 다시 말해 정부가 얼마나 잘 국민을 위해 일하느냐가 개인의 행복에 가장 큰 영향을 미친다고 지적했습니다. 효율성 판단의 기준은 세금을 징수하고 쓰는 재정 능력, 공공 서비스 제공 능력, 법치를 가능하게 하는 사법 능력 등이었습니다. 또한 전쟁과 억압이 없는 사회를 만드는 능력이 반드시 필요하다고 강조했습니다. 모든 국가에서 정부의 이 다섯 가지 능력과 효율적 실행이 국민의 행복과 직접 관련되어 있다고 했습니다. 〈세계 행복 보고서〉 또한 행복이 개인의 문제가 아니라 사회가 반드시 해결해야 할 숙제라는 걸 말해 줍니다.

삶에 대한 만족도 조사에서 대체로 북유럽 국가들이 높은 순위를 차지하고 있습니다. 사람들은 이 북유럽 국가들에 사는 사람들의 행복도가 왜 높은지 궁금해합니다. 그리고 충분하고 안정된 소득이 가장 큰 이유일 거라고 짐작합니다. 〈세계 행복 보고서〉도 6개 평가 항목 중 1인당 GDP를 첫 번째로 언급하고 있습니다. 핀란드, 덴마크, 아이슬란드는 모두 1인당 GDP가 높습니다. 핀란드의 1인당 GDP는 세계 16위이고, 덴마크는 9위, 아이슬란드는 8위입니다.

그런데 소득으로만 치면 아이슬란드의 행복 순위가 더 높아야 하는데 그렇지 않습니다. 이는 행복감을 느끼려면 소득이 충분해야 하지만 소득만 높다고 사람들이 행복한 건 아니라는 걸 말해 줍니다. 참고로 2024년 기준으로 1인당 GDP가 세계 5위인 싱가포르는 〈세계 행복 보고서〉 순위에서 30위였고, 1인당 GDP가 6위인 미국은 23위였습니다.

〈세계 행복 보고서〉를 쓴 학자들은 한 언론과의 인터뷰에서 충분한 소득은 반드시 필요하고 그에 더해서 소득 불평등 수준이 낮아야 사람들이 행복감을 느낀다고 강조했습니다. 즉 부자와 가난한 사람 사이의 소득 차이가 작아야 한다는 겁니다. 이 말은 사회의 부를 공정하게 나누는 일을 잘하는 국가의 사람들이 행복하다는 얘기입니다. 핀란드, 스웨덴, 아이슬란드는 세계에서 소득 불평등 수준이 가장 낮은 국가들입니다.

학자들은 또 다른 중요한 이유로 공공기관에 대한 높은 신뢰도를 강조했습니다. 공공기관에 대한 신뢰가 높으면 사람들은 자기 지갑에서 나가는 세금이 공평하게 쓰이고 결국 자신도 혜택을 입을 것으로 확신한다는 겁니다. 공공기관에 대한 신뢰는 특히 정부가 제공하는 공공 서비스의 질과 관련되어 있습니다. 연금, 육아휴직, 환자와 장애인에 대한 돌봄, 보건과 교육 서비스, 실업 지원 등이 충분할 때 사람들은 만족스러운 삶을 살고 행복감을 느낍니다. 이런 사회에서는 건강한 삶과 선택의 자유에 대한 확신이 높습니다. 또 정부를 신뢰하기 때문에 부패가 아주 적다고 생각합니다. 자신이 어려울 때 사회의 지원을 받을 수 있다고 확신하고 그래서 자신도 다른 사람들을 너그럽게 대합니다. 이런 점이 행복한 국가를 만든다고 보고서 작성자들은 설명했습니다.

행복도가 높은 국가들의 상황을 보면 행복도가 낮은 국가들의 상황을 짐작해 볼 수 있습니다. 소득이 낮고, 정부와 공공기관이 제대로 일을 하지 않고, 이에 대한 국민의 신뢰가 낮고, 자신이 어려울 때 사회의 지원을 받을 가능성에 대한 확신이 낮을 겁니다. 또 건강한 삶과 선택의 자유에 대한 확신도 낮을 겁니다. 이런 사회에서는 다수가 행복감을 느낄 수 없고 권력과 부를 독점한 소수만이 만족스러운 삶을 살 수 있습니다.

가난이
행복을 좌우한다

2024년 〈세계 행복 보고서〉가 조사 대상으로 한 143개 국가 중 최하위는 아프가니스탄이었습니다. 그 바로 위 순위는 레바논, 레소토, 시에라리온, 콩고공화국, 짐바브웨 등이었습니다. 이 국가들에 사는 사람들은 왜 행복하지 않을까요? 〈세계 행복 보고서〉가 기준으로 삼은 6개 항목을 보지 않더라도 경제 수준을 보면 왜 행복하지 않은지 쉽게 짐작할 수 있습니다. 이 국가들은 세계에서 가장 가난한 국가들입니다.

〈세계 행복 보고서〉에서 상위에 있는 국가들은 모두 1인당 GDP가 매우 높습니다. 이것은 적어도 가난하면 행복할 수 없다는 걸 말해 줍니다. 1인당 GDP가 높은 이유는 국가의 경제 상황이 좋고 그래서 개인이 충분한 소득을 얻을 수 있기 때문입니다. 또 개인의 상황이 좋지 않아도 큰 문제가 없이 살 수 있도록 국가의 지원이 충분하기 때문입니다. 그러니 〈세계 행복 보고서〉에서 하위에 있는 국가의 사람들이 조금이라도 더 행복해질 방법은 최소한 가난에서 벗어나는 것입니다. 지속가능개발목표의 17개 목표 중 첫 번째가 빈곤 퇴치인 이유도 가난을 벗어나지 않고는 인간이 생존할 수 없을 뿐만 아니라 행복을 누릴 가능성도 낮아지기 때문입니다.

그렇다면 가난한 국가 사람들은 어떻게 가난에서 벗어날 수 있을까요? 사실 답은 간단합니다. 안정적인 일자리를 통해 꾸준히 소득을 얻을 수 있으면 됩니다. 그러나 이것은 생각보다 어려운 일입니다. 개인이 국가가 직면한 여러 문제를 극복하고 꾸준히 돈을 버는 건 힘듭니다. 또 국가 경제가 발전되지 않으면 안정적인 일자

2021년 아프카니스탄을 점령한 탈레반의 모습.

리가 생기지 않습니다. 그렇다면 국가가 먼저 가난에서 벗어나야 하는데 이 또한 쉬운 일이 아닙니다.

가난한 국가들은 왜 가난에서 벗어나지 못하는 걸까요? 많은 가난한 국가들이 직면하고 있는 가장 큰 문제는 정치적 불안과 전쟁입니다. 〈세계 행복 보고서〉에서 최하위를 차지한 아프가니스탄, 그리고 레바논, 콩고공화국 등도 수십 년 동안 전쟁을 겪었거나, 지금도 내전이나 정치적 불안을 겪고 있는 국가들입니다. 오랫동안 독재 정권이 계속되고 있는 국가도 있습니다. 〈세계 행복 보고서〉에 포함되지 않은 다른 가난한 국가들의 상황도 비슷합니다. 오래 지속된 전쟁과 정치적 불안으로 경제를 발전시키지 못했고 그래서 계속 가난한 상태인 겁니다. 권력자들은 부를 얻고 편안하게 살지만 국가와 개인은 계속 가난과 고통 속에 있습니다.

가난한 국가들의 경제 발전이 더디고 개인 소득이 증가하지 않는 또 다른 중요한 이유는 1차 산업의 비중이 여전히 높기 때문입니다. 1차 산업은 자연환경을 이용해 필요한 물품을 얻거나 생산하는 형태를 말합니다. 하지만 현대 세계에서 천연자원이 많아도 1차 산업만으로는 경제를 발전시킬 수 없습니다. 게다가 천연자원 개발권은 부패한 정부가 독점하거나 해외 기업에 넘어간 경우가 많습니다. 많은 국민은 노동력을 값싸게 제공하며 근근이 생계를 이어 갑니다. 때로는 천연자원 채굴과 거래를 둘러싼 무력 분쟁으로 생명을 잃거나 이주민이 되기도 합니다. 이 때문에 이들 나라의 풍부한 천연자원은 '자원의 저주'로 불리기도 합니다.

나이지리아의 니제르 델타가 바로 그런 사례입니다. 이곳은 세계에서 가장 많이 원유를 채굴하는 곳 중 하나이자 가장 심각하게 오염된 곳입니다. 세계 유명 원유 회사들이 송유관을 제대로 관리하지 않아서 채굴이 시작된 1970년대부터 수십 년 동안 수백 건의 원유 누출 사고가 있었습니다. 2023년 6월에도 대규모 원유 누출 사고가 있었습니다. 원유 생산은 현지 주민들의 생활 향상에는 도움이 되지 않았습니다. 오히려 생계의 기반인 토지와 바다가 오염돼 주민들은 더 가난해졌습니다. 이곳 사람들에게 원유는 '자원의 저주'가 됐습니다. 원유가 전체 수출의 70퍼센트 이상을 차지하는 나이지리아 또한 여전히 가난에서 벗어나지 못하고 있습니다.

농사를 지어도
굶주리다

가난한 국가의 1차 산업 중 가장 비중이 큰 건 농업입니다. 그런데 농업은 가난을 벗어나는 데 큰 도움이 되지 않습니다. 특히 국가 차원에서 환금 작물, 즉 판매만을 위한 작물 재배에 집중하는 경우에 그렇습니다. 환금 작물로는 면화, 사탕수수, 카카오, 커피, 야자수, 차 등이 있는데 보통 대규모 농장에서 재배됩니다.

농장은 대부분 기업이나 부자의 소유입니다. 주민들은 주로 농업 노동자로 일하고 때로는 노동 착취를 당하기 때문에 가난에서 벗어나지 못합니다. 소규모로 한 가지 환금 작물만 재배하는 농부들은 수확이 좋지 않거나 국제시장에서 농산물 가격이 하락하면 생계에 큰 타격을 받습니다. 서아프리카의 아이보리코스트('코트디부아르'의 영어 이름)는 이런 사례 중 하나입니다. 아이보리코스트는 본래 쌀을 주로 생산하는 국가였는데 정부가 소득을 높이기 위해 농부들에게 초콜릿의 원료인 카카오 재배를 장려하기 시작했습니다. 그 결과 1970년대 초부터 카카오 생산이 급증했고 쌀 생산은 급감했습니다. 1975년에는 국내 쌀 소비량 중 1퍼센트만을 수입했는데 1980년에는 50퍼센트를 수입해야 했습니다. 쌀 생산량이 적어도 농부들이 카카오로 소득을 올려 쌀을 충분히 살 수 있으면 문제가 되지 않습니다. 그러나 1990년부터 2010년까지 국제시장에서 카카오 가격이 급락하자 농부들, 특히 소농들은 소득 감소와 식량 부족의 이중고를 겪었습니다. 쌀 재배를 포기하고 국제시장을 겨냥해 환금 작물만 재배한 결과였습니다.

1차 산업이 수익이 적고 경제 발전에 도움이 되지 않으면 1차 산업에서 벗어나는 길을 찾으면 됩니다. 그러나 이것이 쉽지 않습니다. 가난한 국가들에게는 산업을 발전시킬 자본과 기술이 부족하기 때문입니다. 외국 기업들의 투자를 받는 방법이 있지만 보통 이들은 값싼 노동력과 원자재에 관심이 있을 뿐 산업 발전을 위한 투자에는 관심이 없습니다.

또한 산업을 발전시키려면 선진 기술을 익히고 효율적인 회사를 만드는 등 능력을 키울 시간이 필요합니다. 그런데 지금의 세계 경제 구조에서는 곧바로 국제적인 기업들과 경쟁해야 해서 천천히 산업을 발전시킬 기회를 얻기 힘듭니다. 그래서 여전히 많은 가난한 국가가 의류 생산이나 전자 제품 조립 같은 단순 제조업에 값

싼 노동력을 제공하는 역할을 하고 있습니다. 이렇게 경제 발전이 더디고 임금이 낮은 사회에 살면서 가난에서 탈출하지 못한 사람들의 행복도는 낮을 수밖에 없습니다.

사람이 행복하기 위해서는 가장 먼저 먹는 문제를 해결해야 합니다. 그러나 가난한 국가에 사는 많은 사람이 여전히 식량 부족을 겪고 있습니다. 농업 발전이 더뎌서 수확량이 늘지 않고 이제는 기후 변화까지 덮쳐 오히려 수확량이 감소한 곳이 많습니다. 인도에서는 인구의 약 55퍼센트가 농업에 종사하는데 이곳 농부들은 최악의 상황에 직면해 있습니다. 매년 극심한 가뭄과 홍수가 생기면서 농작물 수확량이 감소했습니다. 잦은 자연재해로 농사가 힘들어지자 많은 사람이 농촌을 떠났고 이제 농사를 지을 사람도 충분하지 않습니다.

이는 인도만의 일이 아닙니다. 농업 의존도가 높은 대다수 아프리카 국가들 역시 같은 문제로 식량이 부족한 상태입니다. 2024년 2월 영국의 세계개발센터가 발표한 연구 보고서는 기후 변화의 영향으로 아프리카의 식량 생산이 2050년까지 18퍼센트 감소하고 그로 인해 빈곤 인구가 20~30퍼센트 증가할 것이라고 예상했습니다. 또 아프리카 노동자 중 약 42.5퍼센트가 농업 노동자인

데 식량 생산이 줄면 이들이 최악의 상황에 직면할 것이라고 했습니다. 기후 변화로 인한 농작물 수확 감소는 개인의 노력으로 해결할 수 없습니다. 그런데 가난한 국가는 국가 차원에서 대응책을 마련하고 실행할 재정이 없습니다. 먹는 문제 해결이 개인의 행복을 위한 가장 기본적인 조건이지만 이는 갈수록 극복하기 힘든 도전이 되고 있습니다.

늘어나는 국가 빚,
행복은 언제쯤

가난한 국가에 사는 사람들이 행복해지기 힘든 또 다른 이유는 국가가 낸 빚, 즉 국가 부채 때문입니다. 세계은행은 2023년 12월 발표한 〈국제 부채 보고서〉에서 가난한 국가들이 빚을 갚는 일, 즉 부채 상환이 그들 국가에 재난이 되고 있다고 했습니다.

보고서에 따르면 75개 가난한 국가들의 부채는 2012~2022년 사이 급증했습니다. 국가의 신용도가 낮아서 예전에는 돈을 빌릴 수 없었던 국가들이 국제 금융업자들로부터 돈을 빌릴 수 있게 됐기 때문입니다. 국제 금융업자들은 신용도가 낮아 높은 이자를 받을 수 있는 가난한 국가들에게 접근했고 가난한 국가들은 오히려 이를 반겼습니다. 이런 이유로 부채가 증가했는데 2020년 코로나19가 발생했고 여기에 대응하느라 가난한 국가들의 빚은 더 늘었습니다. 이 국가들의 부채는 2012년에 비해 두 배나 증가했는데 국민총소득은 같은 기간에 53퍼센트밖에 증가하지 않았습니다. 소득보다 빚이 더 빨리 늘어나서 결국 부채 위기가 발생했습니다.

가난한 국가들은 부채를 상환하느라 공중 보건, 교육, 사회 기반 시설, 기후 변화 대응 등 국민을 위한 공공 지출을 줄이고 있습니다. 2023년 기준으로 세계 가난한 국가 중 57퍼센트가 부채 상환을 위해 앞으로 5년 동안 공공 지출을 줄이기로 했습니다. 이 국가들의 인구를 합치면 약 24억 명입니다. 81억 명의 세계 인구 중 약 30퍼센트에 해당하는 숫자입니다.

가난한 국가들이 부채 위기에 직면한 이유는 단순히 부채가 많고 갚을 능력이 부족해서가 아닙니다. 전 세계를 덮친 문제들로 경제 상황이 나빠졌기 때문입니다. 코로나19로 경제 성장은 멈췄는데 팬데믹 대응을 위한 보건 지출은 증가했습니다. 또 해외여행이 중단되면서 많은 국가가 관광 수입을 얻지 못했습니다. 엎친 데 덮친 격으로 팬데믹을 극복할 즈음엔 우크라이나 전쟁이 시작됐습니다. 이로 인해 전 세계 물가가 상승했고 선진국들은 물가를 잡기 위해 금리를 인상했습니다. 그 결과 가난한 국가의 채무에 대한 이자도 상승했습니다. 이런 여러 문제가 한꺼번에 생겨 부채 위기에까지 이르게 됐습니다.

부채 위기가 생긴 가장 큰 이유는 가난한 국가의 채무에 대한 이자가 높기 때문입니다. 가난한 나라는 같은 금액의 돈을 빌려도 선진국들보다 높은 이자를 내야 합니다. 유엔무역개발회의의 조사에 의하면, 이들 국가에 적용되는 이자는 미국에 적용되는 이자보다 2~4배 높았고, 독일에 비해서는 6~12배나 높았습니다. 돈을 빌려준 은행이나 투자신탁 회사들이 가난한 나라들이 부채 상환을 하지 않을 위험이 있다는 이유로 높은 이자를 요구했기 때문입니다. 은행이나 사채업자들이 신용도가 낮은 사람들에게 높은 이자를 받는 것과 같습니다. 2022년 가난한 국가들이 이자로 지출한 액수는 갚은 원금보다 2.3배나 많았습니다. 당장 주어야 할 이자가 많아서 원금을 갚을 여력까지는 없었던 겁니다. 이런 상황이면 언제 빚을 다 갚을 수 있을지 알 수 없습니다. 2023년에 54개의 가난한 국가가 정부 재정 수입의 10퍼센트 이상을 이자를 갚는 데 썼습니다.

2023년 기준으로 약 33억 명이 교육이나 보건에 대한 지출보다 부채 이자 지출이 더 많은 국가에 살고 있습니다. 이런 상황은 부채 위기가 가난한 국가들의 무능력이나 잘못 때문에 생긴 것이 아님을 말해 줍니다.

많은 국가가 불안정한 정치, 경제 발전의 어려움, 기후 변화, 때로는 무력 분쟁 때문에 가난에서 벗어나지 못하고 있습니다. 국가 부채 위기는 가난한 사람들의 생존을 위협할 정도로 심각합니다. 이 국가들의 가난은 그들만의 책임이 아닙니다. 그러니 가난한 국가와 그곳 사람들을 함부로 비난하거나 조롱하지 않아야 합니다. 때로 국가를 운영하는 사람들은 게으르고 무능할지라도 가난한 사람들은 생존을 위해 매일 열심히 일한다는 점도 기억해야 합니다. 문제는 가난을 그들의 힘만으로는 해결할 수 없다는 겁니다. 세계가 함께 노력하고 지원해야 변화를 만들 수 있고 그래야 가난한 국가 사람들이 행복해질 수 있습니다.

유엔이 국제 행복의 날을 기념하는 이유는 행복도에 따라 국가의 서열을 정하기 위해서가 아닙니다. 모든 세계인이 행복하게 살 권리가 있고 모두의 행복을 위해 세계가 함께 노력해야 한다는 점을 강조하기 위해서입니다. 그래서 지속가능개발목표의 17개 목표 중 하나도 전 지구적인 협력입니다. 세계는 연결되어 있고 가난한 국가 사람들의 행복을 방해하는 문제가 지속되면 결국 전 세계인이 그 영향을 받을 수밖에 없으니까요.

2022년 2월 24일 러시아가 우크라이나를 침공했고 이로써 러시아-우크라이나 사이에 전쟁이 시작됐습니다. 전쟁은 러시아의 승리로 끝날 것으로 예상됐습니다. 그러나 러시아군은 세계가 생각한 것보다 약했고 우크라이나군은 생각보다 강했습니다. 우크라이나는 몇 개월 후 동부 지역을 빼앗겼지만 미국과 유럽 국가들의 막대한 무기 지원으로 전쟁을 계속했습니다. 전쟁은 약 일 년 뒤부터는 정체 상태에 빠졌습니다. 그리고 2024년 6월 이후에는 우크라이나가 가끔씩 러시아 영토를 공격하면서 오히려 확대됐습니다. 우크라이나 전쟁 시작 직후부터 세계 식량 가격과 물가가 상승해 전 세계가 큰 타격을 받았습니다. 2021년 기준으로 러시아는 세계 최대 밀 수출국이었고 우크라이나는 세계 5위의 수출국이었습니다. 또 유럽연합은 전체 천연가스 수입의 40퍼센트 정도를 러시아에 의존하고 있었는데 전쟁으로 인해 러시아의 천연가스 수출이 중단되었습니다.

2023년 10월 7일 이른 아침 팔레스타인의 가자지구를 통치하는 하마스가 이스라엘 남부의 군사기지와 마을을 공격했습니다. 이들은 이스라엘 민간인과 보안군, 그리고 외국인 등 1,139명을 살해하고 200명 이상을 인질로 데리고 갔습니다. 기습 공격에 분노한 이스라엘은 하마스 공격 몇 시간 뒤 가자지구 공격을 시작했습니다. 이로써 이스라엘-하마스 사이의 전쟁, 즉 가자지구 전쟁이 시작됐습니다.

가자지구 전쟁은 최악의 인명 피해를 낳았습니다. 이스라엘이 하마스를 전멸시키겠다며 민간인들까지 무차별로 공격했기 때문입니다. 이스라엘의 공격이 시작되고 일 년이 지난 2024년 10월 7일 기준 가자지구 사망자는 확인된 경우만 4만 1,909명이고 부상자는 9만 7,303명이었습니다. 확인된 사망자 외에 약 1만 명이

우크라이나를 침공한 러시아군.

이스라엘의 공격으로 파괴당한 팔레스타인 건물의 모습.

여전히 잔해 아래 묻혀 있는 것으로 알려졌습니다. 사망자 중 약 40퍼센트는 어린이, 약 27퍼센트는 여성이었습니다.

　이스라엘이 구호 물자 반입을 허락하지 않아 가자지구에는 굶주림과 질병이 번졌습니다. 가자지구 전쟁은 최근 수십 년 동안 있었던 전쟁 중 최악의 인명 피해와 인도주의 재난을 낳았습니다. 인도주의 재난은 전쟁이나 자연재해로 위기에 처한 사람들에게 식량, 의약품, 생활용품 등이 제대로 공급되지 않아 굶주림, 질병, 영양실조가 확산하고 사망자가 많아지는 상황을 말합니다.

두 개의 전쟁이 계속되자 '전쟁의 시대'라는 말이 등장했습니다. 그만큼 전쟁에 대한 세계인의 관심과 걱정이 컸습니다. 그런데 사실 세계는 항상 전쟁의 시대였습니다. 단지 사람들이 관심을 가진 전쟁과 그렇지 않은 전쟁이 있었을 뿐입니다.

21세기만 보더라도 2001년 10월 미국의 공격으로 시작된 아프간 전쟁은 2021년 8월까지 거의 20년 동안 이어졌습니다. 2003년 3월 역시 미국의 공격으로 시작된 이라크 전쟁은 2011년 12월까지 거의 9년 동안 계속됐습니다. 그러나 사람들은 이때를 전쟁의 시대라 부르지 않았습니다. 이 전쟁들만 있었던 것도 아닙니다. 같은 시기에 소말리아, 시리아, 예멘, 에티오피아 등 세계 곳곳에서 내전이 있었습니다. 이스라엘과 하마스 사이에도 반복적으로 전쟁이 있었습니다. 우크라이나와 가자지구에서 전쟁이 계속되고 있는 지금도 세계의 다른 곳에서 여러 내전이 있습니다. 특히 아프리카 수단에서는 오랫동안 지속되었던 내전이 한때 중단되고 평화가 오는 듯했지만 2023년 다시 시작된 내전으로 처참한 인도주의 재난 상황이 벌어지고 있었습니다. 21세기 시작 직후부터 세계는 내내 전쟁의 시대였고 오래된 전쟁에 새로운 전쟁이 추가되곤 했습니다.

그렇다면 우리는 왜 우크라이나와 가자지구의 전쟁을 보면서 전쟁의 시대라는 말을 하게 된 걸까요? 여러 가지 이유를 생각해 볼 수 있습니다. 우선은 이 두 전쟁이 국제 사회의 정치와 경제에 미친 영향이 컸기 때문입니다. 다른 내전과 달리 언론이 계속 소식을 전했기 때문이기도 합니다. 또 다른 이유는 러시아의 침공, 이스라엘의 가자지구 초토화와 대규모 민간인 학살이 충격적이었기 때문입니다. 무엇보다 미국과 러시아라는 두 개의 강대국이 대결하고, 국제 정치를 주도하는 서방 국가들이 우크라이나와 이스라엘에 많은 무기를 지원하면서 전쟁이 계속됐기 때문입니다.

많은 사람이 두 개의 전쟁에 관심을 가진 건 다행이었지만 동시에 씁쓸한 면도 있었습니다. 우크라이나 전쟁이 시작되자 소말리아, 시리아, 예멘 등의 내전은 관심 밖으로 밀려났습니다. 가자지구 전쟁이 시작되자 우크라이나 전쟁은 거의 잊혀졌습니다. 세계는 전쟁으로 전쟁을 덮는 일을 반복했고, 전쟁의 피해와는 상관없이 관심 있는 전쟁과 관심 없는 전쟁을 구분했습니다.

'정당한 전쟁'은 있는가

우크라이나 전쟁과 가자지구 전쟁으로 세계인들의 전쟁에 대한 관심이 높아졌습니다. 두 전쟁을 보면서 어떤 사람들은 전쟁은 하지 않아야 하지만 할 수밖에 없는 상황도 있다고 주장했습니다. '자위권', 즉 다른 국가로부터 공격을 받았을 때 국가와 국민을 보호할 권리는 보장되어야 한다고 했습니다. 모든 국가는 자위권이 있고 국제 사회는 자위권을 위해서 하는 전쟁을 인정합니다. 그리고 이것을 '정당한 전쟁'이라 부릅니다. 당연하고 정의로운 전쟁이라는 의미입니다.

정당한 전쟁은 침공을 받아 전쟁을 할 수밖에 없을 때 인정됩니다. 또 문제를 해결하기 위해 모든 외교적 노력과 대화를 시도한 후 최후의 수단으로 전쟁을 선택했을 때 인정됩니다. 이 기준에 따르면 우크라이나에게 전쟁은 정당한 선택이었습니다. 러시아의 침공을 받고 국가와 국민을 보호하기 위해 러시아군을 물리쳐야 했으니까요. 그러나 러시아에게는 정당한 전쟁이 아니었습니다.

러시아는 우크라이나가 서방 국가들의 안전 보장 기구인 나토에 가입하면 자국에 위협이 된다고 생각했고 우크라이나의 나토 가입을 막기 위해 침공을 했습니다. 러시아는 전쟁을 감행하기 전에 문제를 해결하기 위해 외교적 노력도, 우크라이나와 대화도 하지 않았습니다. 최후의 수단으로 전쟁을 선택한 게 아니었습니다. 그러니 러시아의 침공은 정당한 전쟁이 아니었습니다.

가자지구 전쟁을 보면 하마스의 공격을 받고 많은 국민을 잃은 이스라엘은 '자위권'을 주장하며 전쟁을 시작할 정당한 이유가 있었습니다. 하마스에 대한 응징과 보복이 이유였습니다. 그런데 이스라엘은 가자지구 공격 직후부터 전쟁의 목표를 하마스 전멸로 삼았습니다. 이스라엘은 미래에 하마스가 공격하는 걸 막기 위해서라고 주장했습니다. 그런데 응징과 보복은 몰라도 상대에 대한 전멸은 '자위권'과 상관없는 다른 문제였습니다. 정당한 전쟁의 이유로 인정될 수 없는 것이었습니다. 상대를 아예 없애기 위해 피해를 입은 것보다 훨씬 큰 피해를 주는 전쟁을 하겠다는 것이었기 때문입니다. 이스라엘의 주장대로라면 세계 많은 국가가 미래에 자국을 공격할 거라며 이웃 국가를 공격할 겁니다. 이스라엘의 주장은 러시아가 우크라이나를 공격한 이유와 같았습니다.

또 다른 점도 논란이었습니다. 이스라엘은 수십 년 동안 팔레스타인을 점령해 억압했고 그런 이유로 가자지구의 하마스와 반복적으로 무력 충돌과 전쟁을 했습니다. 그 때마다 이스라엘과 하마스에 의해 많은 사람이 목숨을 잃었습니다. 하마스의 공격은 이런 무력 분쟁 상황에서 생긴 것인데 이스라엘은 자신의 책임은 무시했습니다. 그래도 하마스가 많은 민간인을 살해한 건 분명한 전쟁 범죄였고 이스라엘은 이것을 가자지구를 공격할 정당한 이유로 삼았습니다. 세계도 하마스를 응징하는 이스라엘의 공격은 정당하다고 인정했습니다. 그러나 하마스 전멸을 위한 전쟁, 특히 가자지구에 대한 대규모 공격은 정당하지 않다고 보았습니다.

전쟁은 방식에서도 정당해야 합니다. 이것을 '전쟁에서의 정당성'이라고 합니다. 전쟁 중이라도 수단 방법을 가리지 않고 사람을 죽이고 파괴를 해서는 안 된다는 겁니다. 군사 작전을 하더라도 최대한 피해가 적게 생기게 해야 합니다. 전쟁이 쉽게 문제를 해결하기 위한 수단이 되어서는 안 되기 때문입니다. 특히 민간인과 민간 시설을 보호하는 건 전쟁에서도 반드시 지켜야 하는 원칙입니다. 민간인 사망과 부상은 군인의 사망과 부상보다 적어야 합니다. 전쟁은 기본적으로 민간인을 보호하기 위해 하는 것이니까요.

그런데 이런 원칙을 지키는 전쟁이 있을까요? 전쟁에서의 정당성을 지키려면 짧은 기간에 군인과 군사 시설만 공격해야 하는데 국가 사이의 전쟁이든 내전이든 그런 전쟁은 없습니다. 전쟁은 항상 많은 민간인을 죽이고 사회를 파괴합니다.

우크라이나 전쟁에서 러시아는 우크라이나 민간인과 주택, 병원, 발전소, 공공기관 등 민간 시설을 공격했습니다. 민간인에게 고문, 학살, 성폭력을 자행하기도 했습니다.

가자지구 전쟁에서 이스라엘은 전쟁에서의 정당성을 전혀 지키지 않았습니다. 이스라엘은 하마스 지휘관들과 대원을 제거하고 군사 시설을 파괴하기 위한 공격이라고 했지만 실상은 민간인과 민간 시설을 무차별로 공격했습니다. 주택, 학교, 병원, 빵집, 난

러시아 공습 후 피괴당한 우크라이나 마리우폴의 어린이 병원.

민촌 등을 가리지 않았습니다. 최근 수십 년 동안 있은 전쟁 중 가장 짧은 기간에 가장 많은 민간인이 사망한 전쟁이 됐습니다. 그래서 세계로부터 집단 학살이라는 비난을 받았습니다.

우리는 흔히 국가의 전쟁은 이유가 있는 정당한 전쟁이라고 생각합니다. 공격을 받은 국가는 전쟁을 하는 정당한 이유가 있기 때문에 전쟁에서의 원칙도 잘 지킬 것이라고 생각합니다. 그러나 전혀 그렇지 않습니다. 정도의 차이는 있지만 일단 전쟁을 시작하면 모두가 승리를 위해 민간인을 공격하고 위험에 빠뜨리는 일도 서슴지 않습니다. 내전에서는 이런 일이 더 흔하게 일어납니다. 정당한 전쟁은 이론으로는 가능하지만 현실에서는 가능하지 않습니다. 전쟁에서는 인명 살상과 파괴가 당연한 것으로 여겨지기 때문입니다. 지금까지 있었던 세계의 많은 전쟁이 이를 말해 줍니다.

전쟁 범죄는
왜 계속되는가

전쟁에서는 거의 항상 전쟁 범죄가 발생합니다. 전쟁 범죄에는 민간인 살해, 포로 살해와 고문, 인질 억류, 민간 시설 파괴, 성폭력 등이 있습니다. 가자지구 전쟁에서도 많은 전쟁 범죄가 있었습니다. 이스라엘은 가자지구 민간인 공격, 포로 고문, 민간 시설 파괴 등의 전쟁 범죄를 저질렀습니다. 특히 무차별로 민간인을 공격해 죽이는 집단 학살을 저질렀습니다. 집단 학살은 한 민족의 전체 또는 일부를 의도적으로 없애려는 행위를 말합니다. 2024년 7월 13일 이스라엘은 하마스 지휘관 1명을 살해하려고 피란민 밀집 지역을 공격해 어린이를 포함해 90명 이상을 죽였습니다. 구호품 반입을 막아서 주민들이 굶주리고 질병에 걸리게 만들기도 했습니다.

2024년 5월 20일 국제형사재판소의 검사장은 이스라엘의 네타냐후 총리와 국방장관에 대한 체포 영장 발부를 요청했습니다. 의도적인 민간인 공격과 살해 등의 전쟁 범죄, 굶주림을 전쟁 수단으로 삼은 반인륜 범죄를 저질렀다는 이유였습니다. 하마스 지도

자 3명에 대해서도 민간인 살해와 인질 고문 등 반인륜 범죄를 저지른 혐의로 체포 영장 발부를 청구했습니다. 2024년 11월 21일 마침내 체포 영장이 발부됐습니다. 모든 범죄가 인정된 겁니다.

이스라엘은 가자지구 민간 시설을 무차별로 파괴하는 전쟁 범죄도 저질렀습니다. 2024년 6월 30일 기준으로 가자지구 주택의 60퍼센트, 상업 시설의 80퍼센트, 그리고 학교의 88퍼센트가 파괴됐습니다. 병원도 절반 이상이 파괴되고 남은 병원도 일부만 가동됐습니다. 2024년 7월 유엔은 가자지구의 잔해를 치우는 데만 약 15년이 걸릴 것이라고 했습니다.

우크라이나 전쟁에서도 전쟁 범죄가 있었습니다. 러시아는 2022년 3월 말 우크라이나 수도 키이우의 북서쪽에 위치한 부차에서 민간인 458명을 학살했습니다. 여기엔 어린이 18명도 포함됐습니다. 학살당한 많은 사람에게서 고문이나 성폭행을 당한 흔적이 발견됐습니다. 또 러시아는 주택, 병원, 학교, 극장 등 민간 시설을 공격해 많은 사람이 사망하고 부상을 입었습니다. 국제형사재판소는 2023년 3월 17일 푸틴 러시아 대통령과 대통령실 아동 인권 담당관에 대해 체포 영장을 발부했습니다. 우크라이나 아동들을 불법으로 추방하고 감금한 혐의였습니다. 러시아는 우크라이나 동부 지역을 점령한 뒤 수천 명의 고아를 납치해 러시아로 이주시키고 러시아 가정에 강제로 입양시켰습니다. 우크라이나 또한 항복한 러시아군 포로를 살해하고 잔인한 방법으로 고문하는 등의 전쟁 범죄를 저질렀습니다.

내전에서도 항상 잔인한 전쟁 범죄가 발생하는데 같은 국민에게 가해진다는 점에서 더 심각하다고 볼 수 있습니다. 내전은 권력자들 간의 다툼과 집단 사이 증오 때문에 생기고, 국가든 무장 세력이든 상대 세력과 지지자들을 제거하려고 합니다. 그래서 특정

민족이나 집단을 내쫓고 제거하기 위한 인종 청소나 집단 학살, 굶주리게 하는 식량의 무기화, 그리고 수치심을 주기 위해 적 집단의 여성을 짓밟는 성폭력 같은 전쟁 범죄가 발생합니다.

이런 일은 오래전 이야기가 아닙니다. 지금도 세계 어디선가는 벌어지고 있는 일입니다. 2010년대 이후의 사례만 봐도 시리아와 에티오피아 정부, 그리고 미얀마 군사 정권은 자국민을 학살하는 전쟁 범죄를 저질렀습니다. 시리아 정부는 자국민에게 수십 차례 화학 무기를 사용하기도 했습니다. 에티오피아 정부, 소말리아 무장 세력, 예멘 정부 등은 국제 사회의 인도주의 활동을 방해하고 식량을 무기화해 주민의 생존을 위협했습니다. 많은 전쟁 범죄가 유엔과 국제 시민 단체에 의해 세계에 알려졌습니다.

그렇다면 국제 사회는 전쟁 범죄를 어떻게 다룰까요? 전쟁 범죄를 다루는 국제기구로는 국제형사재판소가 있습니다. 국제형사재판소는 전쟁 범죄를 저지른 개인을 체포하고 재판에 넘길 수 있습니다. 그러나 전쟁 범죄를 저지른 국가를 처벌할 수는 없습니다. 국가의 수장을 체포할 수 있지만 이건 사실상 쉽지 않습니다. 이런 일이 국제 사회에서 정치적 논란이 되고 체포에 반대하는 국가들이 압력을 넣기 때문입니다. 유엔 안전보장이사회(이하 안보리)의 결의안을 통해 국가에 책임을 묻고 압력을 넣는 방법도 있습니다. 그러나 여기서도 5개 상임이사국들의 의견이 달라서 결의안 통과가 쉽지 않습니다.

2024년 안보리는 대규모 인명 피해와 인도주의 재난을 종식하기 위해 가자지구 전쟁 휴전 결의안 통과를 여러 차례 시도했습니다. 그러나 미국, 중국, 러시아가 번갈아 반대를 해서 통과시키지 못했습니다. 국제사법재판소가 국가의 전쟁 범죄를 재판하고 중단 명령을 내릴 수도 있습니다. 그러나 명령을 따르도록 강제할 권한이 없어서 허사가 되기도 합니다. 2024년 1월 국제사법재판소는 이스라엘에게 집단 학살을 방지할 모든 조치를 취하라는 명령을, 5월에는 피란민이 많은 가자지구 남부 도시에 대한 공격을 중단하라고 명령했습니다. 그러나 이스라엘은 어떤 명령도 따르지 않았습니다.

전쟁 범죄를 저지른 국가, 집단, 개인은 국제 사회의 거센 비난을 받습니다. 그러나 처벌을 받는 경우는 거의 없습니다. 국제 사회가 국가나 개인의 경제 활동을 제한할 수 있지만 별로 타격을 주지 못하는 경우가 많습니다. 그렇다고 전쟁 범죄를 막기 위해 무력을 쓸 수는 없습니다. 그건 또 다른 전쟁을 의미하니까요. 결국 전쟁 범죄를 막는 최선의 방법은 애초 전쟁이 생기지 않게 하는 것이고, 시작된 전쟁은 빨리 끝내는 것입니다. 그리고 처벌할 수는 없어도 전쟁 범죄를 저지르는 국가와 개인에게 세계시민이 계속 압력을 넣는 것입니다. 국가도 개인도 법의 처벌보다 세계의 여론과 평판을 더 두려워합니다.

'피할 수 없는 전쟁'은 있는가

2024년 6월 22일 이스라엘의 텔아비브에서는 15만 명 이상이 가자지구에서 전쟁을 계속하는 네타냐후 총리와 정부를 규탄하는 시위를 벌였습니다. 몇 개월 동안 계속되고 있던 주말 시위 중 최대 규모였습니다. 이들은 전쟁의 종식과 인질 귀환을 요구했습니다. 전쟁이 계속되면서 인질들이 살아서 돌아올 가능성이 낮아지고 있었기 때문입니다. 그러나 네타냐후 총리는 하마스를 전멸시킬 때까지 전쟁을 계속하겠다고 했습니다. 그래서인지 인질 석방을 위한 휴전 협상을 적극적으로 하지 않았습니다.

가자지구 주민들은 전쟁 내내 매일 생사를 오가는 지옥을 경험했습니다. 이들은 생존을 위해 간절히 전쟁 종식을 원했습니다. 하지만 하마스와 이스라엘이 합의에 이르지 못해 휴전 협상은 매번 실패했습니다. 2024년 6월 10일 유엔 안보리가 휴전 결의안을 통과시키고 하마스와 이스라엘 모두 이에 긍정적 반응을 보였다는 소식이 들렸을 때 가자지구 주민들은 환호했습니다. 그러나 이후의 휴전 협상 역시 아무런 성과를 내지 못했습니다. 주민들은 일주일의 휴전이라도 있길 바랐지만 하마스의 입장은 달랐습니다. 하마스는 계속 휴전이 아닌 전쟁의 완전 종식과 이스라엘군의 철수를 요구했습니다. 2025년 1월 이스라엘과 하마스는 다행스럽게도 휴전에 합의했습니다. 양측은 1월 19일에 6주 동안의 휴전을 시작했고 전쟁의 완전한 종식을 위한 협상을 계속하기로 했습니다.

2024년 7월 15일 우크라이나의 한 언론사는 국민의 44퍼센트가 러시아와의 평화 협상을 지지한다는 여론 조사 결과를 발표했습니다. 반대하는 비율은 35퍼센트였습니다. 또한 국제 여론조사 기관인 갤럽은 11월 19일 전쟁 종식 찬성이 52퍼센트, 반대가 38퍼센트라는 조사 결과를 발표하기도 했습니다. 이런 결과는 평화 협상 지지 비율이 23퍼센트에 불과했던 2023년 5월의 여론 조사와는 아주 달랐습니다. 평화 협상을 지지한 이유는 러시아를 용서해서가 아니라 전쟁에 지쳤고 전쟁 때문에 사는 게 너무 힘들었기 때문입니다. 심지어 오랜 전쟁과 열악한 상황에 지쳐 탈영하는 군인도 많았습니다. 많은 국민이 평화 협상으로 전쟁이 끝나길 바라고 있었지만 젤렌스키 우크라이나 대통령은 승리를 위해 전쟁을 계속하겠다고 했습니다. 그는 더 많은 무기를 확보하고 국제 사회의 지지를 얻는 데 주력했습니다. 우크라이나와 러시아는 전쟁 직후인 2022년 3월 이후 2025년 1월 현재까지 한 번의 평화 협상도 하지 않았습니다. 전쟁에 시달리는 국민은 종전을 원했으나 우크라이나 정부는 승리를 원했습니다.

이스라엘, 가자지구, 우크라이나에 사는 많은 사람이 전쟁 종식을 원했습니다. 다수의 국민이 전쟁 종식을 원하면 정부는 평화 협상을 해야 할 의무가 있습니다. 하지만 그런 일은 쉽게 일어나지 않습니다. 통치자, 정부, 군은 적에게 굴복할 수 없다거나, 무기만 충분하면 승리할 수 있다거나, 국가 안보에 도움이 되지 않는다는 등의 주장을 하면서 평화 협상을 거부하곤 합니다.

국제 사회가 '정당한 전쟁'으로 인정한 전쟁조차 정당화될 수 없는 여러 가지 이유가 있습니다. 그 이유 중 하나는 전쟁이 소수의 결정으로 시작된다는 점입니다. 국민의 의견을 물어 전쟁을 시작하는 국가는 없습니다. 전쟁은 대통령이나 의회의 결정으로 시작됩니다. 이건 법적으로는 전혀 문제가 되지 않습니다. 그러나 모든 사람의 생사를 좌우하는 전쟁을 법만 따져 시작해서는 안 됩니다. 종전도 마찬가지입니다. 많은 사람이 원해도 전쟁을 끝내지 않습니다. 정치인들이나 군인들은 적을 완전히 패배시켜야 한다며 전쟁을 계속하려고 합니다. 전쟁에서 가장 큰 피해를 입는 건 평범한 사람들인데 전쟁을 결정하고 지휘하는 사람들은 이들의 의견을 듣지 않습니다.

전쟁의 가장 중요한 이유이자 목표는 민간인과 공동체 보호입니다. 정당한 전쟁, 즉 불가피한 전쟁이 인정되는 이유는 개인과 공동체의 삶을 지켜야 하기 때문입니다. 하지만 정치인들과 군인들은 적에 대한 보복, 승리, 미래의 국가 안보 등을 전쟁의 목표로 삼습니다. 그게 애초 불가능한 목표인 경우에도 포기하지 않습니다. 이스라엘, 가자지구, 우크라이나의 많은 사람이 전쟁 종식을 원한 이유는 승리할 가능성이 없고, 전쟁을 계속하면 삶이 더 망가질 게 확실했기 때문입니다. 그러나 결정권을 가진 사람들은 정치적, 군사적 목표를 강조하며 이런 목소리를 무시했습니다. 국민의 안전을 무시하는 이런 전쟁은 정의롭지도, 정당하지도 않습니다.

전쟁이 정당화될 수 없는 가장 큰 이유는 윤리적 문제 때문입니다. 전쟁에서는 인명 살상이 범죄가 아니라 일어날 수밖에 없는 일로 여겨집니다. 특히 적군을 살상하는 건 반드시 필요한 일로 여겨집니다. 인간을 살해하는 건 범죄지만 전쟁에서는 범죄가 되지 않는 겁니다. 똑같은 인간인데 말입니다. 전쟁에서는 적대 국가, 사회, 공동체를 파괴하는 것 또한 승리를 위해 필요한 일로 여겨집니다. 전쟁은 많은 피란민을 만들고 그들의 생명을 위협합니다. 굶주림과 질병의 위기에 빠뜨리기도 합니다. 이 모두는 인간의 기본적인 권리를 침해하는 일이고 인간이 지켜야 할 기본적인 윤리를 저버리는 행위입니다. 이런 일들은 전쟁 상황에서라도 절대 정당화될 수 없는 일입니다.

피할 수 없는 상황이라면 전쟁을 해야 한다고 주장하는 사람들이 있습니다. 그런데 미래의 위협을 가정해 이웃 국가를 공격하는 것, 승리할 것이라는 확실치 않은 목표를 위해 전쟁을 계속하는 것, 그래서 평화 협상을 거부하는 것이 과연 전쟁을 피할 수 없는 이유가 될 수 있을까요? 침략을 받았다면 방어를 위한 전쟁을 할 수밖에 없을 것입니다. 그러나 그런 전쟁이라도 증가하는 인명피해와 사회 파괴를 막기 위해 최대한 빨리 끝내야 합니다.

그렇다면 정말 필요한 전쟁이라는 것이 있기는 할까요? '피할 수 없는 전쟁'은 전쟁을 결정한 사람들이 만든 말이 아닐까요? 인간의 기본적인 윤리를 거스르는 전쟁은 어떤 경우에도 정당화될 수 없습니다. 그러므로 전쟁은 반드시 피해야 합니다.

6.
이주민과 난민은 왜 증가하는가

범죄자 취급을
받다

2024년 7월 29일 영국 서북부에 있는 사우스포트의 한 무용학원에서 6세, 7세, 9세인 세 명의 어린이가 괴한의 칼에 찔려 살해됐습니다. 8명의 어린이와 2명의 어른은 부상을 입었습니다. 사건 직후 SNS에는 범인이 2023년 보트를 타고 영국에 들어온 17세의 무슬림 난민 신청자라는 소문이 퍼졌습니다. 그런데 이건 잘못된 정보였습니다. 언론은 범인이 영국에서 태어난 미성년자라고 제대로 보도했고 경찰은 시민들에게 거짓 정보를 퍼뜨리지 말라고 당부했습니다. 그러나 거짓 정보는 계속 퍼졌습니다. 다음 날 사우스포트의 주민들은 이슬람 사원인 모스크로 몰려가 벽돌과 병을 던지며 시위를 했습니다. 경찰을 공격하고 경찰차에 불을 지르기도 했습니다. 이후 전국에서 난민과 이주민에 반대하는 폭동이 일어났습니다.

거짓 정보와 폭동이 확산되자 영국 법원은 18세 이하 피의자의 신상을 공개하지 않는다는 원칙을 깨고 피의자 신상을 공개했습니다. 그래도 폭동은 잦아들지 않았습니다. 사건 후 일주일이 지난 8월 4일에는 수백 명의 극우 시위자들이 난민 신청자들의 임시 숙소인 호텔로 몰려가 문을 부수고 쓰레기통에 불을 지르며 경찰과 대치했습니다. 곳곳에서 모스크, 난민 신청자 숙소, 아시아인 소유의 자동차와 가게 등이 불에 타거나 약탈당했습니다. 영국의 아시아계는 주로 이슬람 국가 출신 이민자여서 공격 대상이 됐습니다. 10일 이상 계속되던 극우 시위자들의 폭동은 정부와 경찰이 강경하게 대응하고 수백 명을 체포하면서 잦아들었습니다. 그런데 정부와 경찰의 대응보다 더 효과를 낸 건 이들에 반대하는 시위였습니다. 여러 도시에서 많은 시민이 극우 시위자들의 협박과 증오에 반대하는 시위를 했습니다. 그제서야 극우 시위자들의 폭동은 멈췄습니다.

거짓 정보 때문에 폭동이 일어나고 국가 전체가 위험에 빠진 상황은 쉽게 이해가 가지 않습니다. 그런데 폭동은 그냥 생긴 게 아니었습니다. 영향력을 가진 극우 인사들이 SNS를 통해 거짓 정보를 퍼뜨리고 시위자들을 선동했습니다. 이들은 난민 숙소, 모스크, 이주민 시설 등 공격 목표를 정해 퍼뜨리기도 했습니다. 피의자가 난민 신청자가 아니었다는 것이 알려진 후에도 마찬가지였습니다. 이들은 오히려 살해 사건과 거짓 정보를 이용해 난민과 이주민에 대한 증오를 드러내고, 그들을 협박하고, 자신들의 주장을 확산시켰습니다. 폭동을 일으킨 시위자들도 마찬가지였습니다. 영국을 휩쓸고 간 이 폭동은 많은 영국인이 난민과 이주민을 혐오하고 그것이 위험한 수준에 도달했음을 확인해 주었습니다.

이주민은 자기가 본래 살던 곳을 떠나 다른 곳으로 가 사는 사람들을 말합니다. 그중에는 다른 국가로 잠시, 또는 아주 이주한 사람들도 있습니다. 일자리를 찾아 잠시 이주하는 사람들도 있지만 대부분은 전쟁, 독재, 사회 폭력, 가난, 자연재해 등의 이유로 고향을 떠납니다. 자발적으로 보이지만 사실은 어쩔 수 없이 이주한 사람들입니다.

이주민 중에 상당수가 난민입니다. 난민은 엄격하게는 법적으로 인정돼 난민 지위를 받은 사람을 말합니다. 그런데 위험한 상황때문에 타국으로 피신한 사람들은 난민 지위를 받지 않았더라도 보통 난민으로 불립니다. 이 사람들은 피신한 국가에 난민 지위를 인정해 달라고 신청할 수 있습니다. 그리고 전쟁, 인종이나 민족, 종교, 소속 집단, 정치적 입장 등의 이유로 생명의 위협을 느껴 자국으로 돌아갈 수 없다는 게 확인되면 난민으로 인정받게 됩니다.

난민으로 인정을 받으면 법적으로 보호를 받고 일도 하면서 그 사회에 정착할 수 있습니다. 난민 지위를 얻기 위해서는 몇 년을 기다려야 하는 경우도 있고, 결국 인정받지 못하는 경우도 많습니다.

　프랑스 북부 해안과 영국의 남부 해안 사이에는 영국 해협이 있습니다. 이곳을 통해 많은 이주민과 난민이 보트를 타고 영국에 들어갑니다. 2020년에는 1만 명이 되지 않았지만 2022년에는 약 4만 6,000명이 넘는 이주민과 난민이 이곳을 통해 영국으로 들어왔습니다. 2023년에는 약 2만 9,000명으로 그 수가 줄었지만

2024년에는 다시 늘어서 3만 6,816명이었습니다. 이들 중 많은 수가 영국에서 난민 지위 인정을 신청하고 결과가 나올 때까지 영국 정부의 보호를 받으며 기다립니다.

난민 신청자가 늘어나자 이주민과 난민에 증오심을 드러내는 사람들도 늘었습니다. 이들은 이주민과 난민에게 세금이 쓰이고 그들의 숫자가 늘어나는 걸 극도로 싫어합니다. 그들이 영국 정부의 재정 상황을 어렵게 만들고 영국 문화를 해친다고 생각합니다. 그래서 살해 사건의 피의자가 난민 신청자라는 거짓 정보가 퍼지자 기다렸다는 듯이 모든 증오와 혐오를 드러내고 이주민과 난민을 공격했습니다. 그러나 영국은 다민족 사회이고, 이주민이 많은 사회여서 대다수 영국인은 상황이 어려운 이주민과 난민을 내쳐서도, 증오해서도 안 된다고 생각합니다.

증오의 대상이
되다

영국 사람들이 특별히 이주민과 난민을 증오하는 걸까요? 영국뿐만 아니라 다른 유럽 국가들에서도 이주민과 난민을 비난하고 내좇아야 한다는 주장이 확산하고 있습니다. 이주민과 난민을 증오하는 사람들은 그들이 자신들을 위협하고 사회와 문화를 망치고 일자리를 뺏는다고 주장합니다. 증거나 통계가 없는데도 그들을 모두 잠재적인 범죄자로 취급하기도 합니다. 유럽 국가들에는 기독교인이 많고 기독교 문화의 영향이 강해서인지 특히 이슬람 신앙을 가진 이주민과 난민에게는 더 노골적으로 혐오감을 드러내기도 합니다.

유럽 국가들에 이주민과 난민을 증오하고 비난하는 사람들이 많아진 건 2015년부터 유럽에 이주민과 난민이 몰려들면서 생긴 '난민 위기' 이후였습니다. 이들 중 대부분은 전쟁을 피해 온 사람들이었습니다. 그래서 법적으로 난민 지위를 인정받지 않았어도 모두 난민으로 불렸습니다.

이 위기가 생긴 데에는 두 가지 이유가 있었습니다. 하나는 이주민과 난민의 이동 경로에 변화가 생긴 것입니다. 2015년 이전에는 이들 대다수가 지중해를 건너 이탈리아로 갔습니다. 그런데 2015년부터는 튀르키예(2022년 터키에서 튀르키예로 바뀜)에서 그리스로, 그리고 유럽의 남동부에 있는 발칸반도를 거쳐 서유럽 국가들로 이동했습니다. 이들은 대부분 튀르키예의 이웃인 시리아 출신이었습니다. 2011년 3월 시리아에서는 독재 정권에 대항하는 대규모 반정부 시위가 일어났고 정부는 시위자들을 폭력적으로 진압하고 학살했습니다. 그해 7월 정부에 대항하는 반정부 무장 집단이 만들어졌고 이로써 내전이 시작됐습니다. 내전이 시작되자 수백만 명의 이주민이 발생했습니다. 몇 년 후인 2015년부터 이들 중 유럽으로 오는 숫자가 늘었고 이른바 '난민 위기'가 생겼습니다.

다른 이유는 세계에 이주민과 난민이 많아졌고 그들 중 일부가 유럽으로 이동했기 때문입니다. 2016년 말까지 약 520만 명의 이주민과 난민이 유럽 해안가로 몰렸습니다. 이들은 대부분 시리아, 이라크, 아프가니스탄 등에서 전쟁을 피해 온 사람들이었습니다. 여러 국가에서 동시에 전쟁이 있어 이주민과 난민이 많아졌던 겁니다. 또 이 국가들이 이슬람 국가이기 때문에 무슬림 이주민과

헝가리 부다페스트 켈리티 기차역의 시리아 난민들(2015년 9월 4일).

난민이 많아졌습니다.

이주민과 난민이 많아지자 유럽 국가들에서는 이들을 받아들이는 데 반대하는 여론이 높아졌습니다. 반대 시위도 곳곳에서 있었습니다. 이때 형성된 이주민과 난민, 특히 무슬림 이주민과 난민을 거부하고 증오하는 감정은 지금까지 이어지고 있고 갈수록 확산하고 있습니다.

2024년 6월에 있었던 유럽연합 의회 선거는 이런 상황을 잘 보여 주었습니다. 유럽연합은 5년에 한 번씩 27개 유럽연합 회원국에 거주하는 약 4억 명 유권자의 직접 투표로 720명의 의회 의원을 뽑습니다. 2024년 6월의 선거 뒤 가장 큰 뉴스는 극우 성향 의원의 숫자가 늘었다는 것이었습니다. 극우 의원들이 다수를 차지한 건 아니었지만 유럽연합의 정책에 영향을 줄 정도로 늘었습니다. 그들은 이주민과 난민에 대한 엄격한 정책과 이들을 강제로 돌려보내야 한다는 주장을 폅니다. 정치 영역에서 이들의 증가는 이주민과 난민에 반대하는 여론이 이전보다 한층 높아졌음을 보여 주었습니다.

유럽의 극우 성향 의원들과 정당들은 자국의 전통, 정체성, 이익을 지켜야 한다고 주장합니다. 이런 이유로 난민과 이주민을 받아들이는 것에 강력히 반대합니다. 또한 세계 평화와 기후 변화 완화 같은 국제 사회의 노력에 동참하는 데도 반대합니다. 세계의, 또는 다른 국가의 이익을 위해 절대 자국이 비용을 부담하거나 손해를 봐서는 안 된다는 겁니다.

2024년 6월 말부터 7월 초에 있었던 프랑스 총선은 현재 유럽의 여론을 유럽연합 선거보다 더 확실하게 보여 줍니다. 1차 투표에서 프랑스의 극우 정당인 국민연합(RN)이 가장 많은 지지를 받았기 때문입니다. 국민연합의 대표적인 주장은 이주민과 난민에 대한 반대입니다. 한때는 외국인 혐오를 노골적으로 드러내고 증오 연설을 해 비난을 받기도 했습니다. 국민연합은 2차 투표에서 3위로 밀려났지만 이전에 비해 53개나 많은 의석을 얻었습니다. 국민연합의 주장을 지지하는 사람들이 확실히 많아진 겁니다.

영국, 프랑스, 독일, 이탈리아 등은 물론이고 벨기에, 네덜란드, 덴마크, 스페인, 포르투갈 등 여러 유럽 국가에서 이주민과 난민에 반대하는 정당이 이전보다 많은 지지를 받고 있습니다. 그렇다면 왜 난민과 이주민을 그토록 싫어하는 걸까요?

이들은 이주민과 난민이 사회를 망치고 세금을 축낸다고 생각합니다. 또한 이슬람 신앙을 가진 많은 이주민과 난민이 자신들의 문화를 해치고 나아가 점령하고 있다고 주장합니다. 심지어 물가 상승, 사회보장 축소, 주택 부족, 범죄 증가 등 모든 사회 문제를 이주민과 난민 탓으로 돌립니다. 자신들이 겪고 있는 사회적 어려움의 이유가 마치 모두 이주민과 난민 탓인 것처럼 여기는 듯합니다. 비난할 대상이 필요한 그들에게 이주민과 난민은 좋은 표적이 된 셈입니다. 이런 이유로 유럽 국가들은 이제 이주민과 난민에게 위험한 곳이 되어 가고 있습니다.

오해와 냉대를 받다

이주민과 난민 반대, 그리고 이들과 관련된 사회 문제에 대한 뉴스는 유럽 국가들에서 자주 나옵니다. 그래서 유럽 국가들에 이주민과 난민이 너무 많고 그들이 많은 문제를 일으킨다고 생각하는 사람들이 많습니다. 그러나 두 가지 다 맞는 얘기가 아닙니다.

10여 년 전과 비교하면 유럽 국가들에 이주민과 난민이 증가한 건 사실입니다. 그렇지만 감당하지 못할 정도로 많아진 건 아닙니다. 유엔난민기구에 의하면 2024년 말 기준으로 유럽 내에 있는 이주민과 난민은 약 2,500만 명으로 세계 전체 이주민과 난민의약 19퍼센트입니다. 여기에는 유럽 내에서 생긴 약 580만 명의 이주민과 난민, 그리고 약 370만 명의 우크라이나 난민이 포함되어 있습니다. 물론 매우 많은 수입니다. 그런데 유럽 국가들은 자국의 수용 능력을 계산해서 이주민과 난민을 받았기 때문에 큰 문제는 없었습니다. 2022년 2월 우크라이나 전쟁이 시작된 뒤 갑자기 우크라이나 난민이 몰린 폴란드, 루마니아 같은 국가들을 제외하고

튀르키예 국경 근처의 시리아 난민 캠프.

말입니다.

2015년 이후 '난민 위기'가 발생했을 때 많은 사람이 내전 때문에 시리아를 떠난 피란민이 가장 많이 몰린 곳이 유럽 국가들이라고 생각했습니다. 관련된 뉴스가 많았기 때문입니다. 그러나 감당하기 어려울 정도로 시리아 피란민이 많이 도착한 곳은 이웃 국가인 튀르키예였습니다. 전쟁이 나면 보통 걸어서 피란을 가기 때문에 당연한 일입니다. 2023년 말 기준으로 시리아 난민은 약 640만 명이었는데 이들 중 330만 명 정도가 튀르키예에 머물고 있었습니다. 그다음으로 많은 곳은 레바논으로 약 78만 5,000명이 있었고 요르단에는 약 65만 명, 독일에는 약 60만 명이 있었습니다. 유럽 국가 중 유일하게 독일이 많은 시리아 난민을 수용하고 있습니다. 다른 국가 출신 난민도 비슷합니다.

유엔난민기구의 연례 보고서에 따르면 2023년 말 기준으로 가장 많은 난민은 아프가니스탄 출신으로 약 640만 명이었습니다. 이들이 가장 많은 곳은 역시 이웃 국가인 이란과 파키스탄이었습니다. 이란에는 약 380만 명, 파키스탄에는 약 200만 명이 있었는데 둘을 합친 숫자는 전체 아프가니스탄 난민의 90퍼센트가 넘었습니다.

유엔난민기구의 통계에 따르면 2023년 말 기준으로 전 세계 이주민과 난민의 약 75퍼센트는 중위와 하위 소득 국가에 있습니다. 이 국가들은 대부분 유럽이 아니라 아프리카, 중동, 아시아 등에 있습니다. 이들이 많은 수의 이주민과 난민을 수용하게 된 이유는 이주민과 난민을 만든 국가의 이웃이기 때문입니다. 통계를 봐도 전 세계 이주민과 난민의 약 69퍼센트는 이웃 국가가 수용하고 있습니다. 이건 아주 오래된 일입니다. 경제가 발전된 유럽 국가들이 아니라 경제적으로 여유가 없거나 심지어 가난한 국가들이 가장 많은 이주민과 난민을 수용하고 있습니다.

유럽 국가들에서 이주민과 난민이 문제를 많이 일으켜서 그들에 대한 증오가 높아지고 있는 것도 아닙니다. 물론 이주민과 난민도 범죄를 저지릅니다. 모든 사회에 범죄자가 있는 것처럼 이주민과 난민 중에도 범죄자가 있습니다. 그런데 유럽 국가의 극우 단체들이나 정당들은 범죄자가 이주민이나 난민일 경우 모든 이주민과 난민을 범죄자 취급하고 비난합니다. 그들을 쫓아내야 한다고 말합니다. 마치 그들이 언젠가는 반드시 문제를 일으킬 것처럼 단정하고, 이런 근거 없는 염려와 주장으로 이주민과 난민을 비난하고 증오하는 건 명백하게 폭력입니다.

2023년 1월 유럽연합은 15개 유럽 국가에서 실행한 17개 연구 프로젝트 결과를 토대로 이주민이 범죄율 및 실업률 증가와 관계가 없다는 결론을 내렸습니다. 이주민이 범죄를 저지르는 경우는 이미 그 사회에 있던 범죄에 연루되는 경우고 오히려 이주민은 자국민이 하기 싫어하는 일을 대신한다고 밝혔습니다.

두 가지 사실을 보면 유럽 국가들에서 난민 문제에 대한 뉴스가 많이 나오는 건 이주민과 난민이 감당할 수 없을 정도로 많아서, 또는 그들이 사회에 많은 문제를 일으켜서가 아니라는 걸 알 수 있습니다. 그들을 증오하고 쫓아내려는 사람들이 있어서, 그들에 대한 증오를 정치적으로 이용하려는 사람들이 있어서라는 걸 알 수 있습니다. 그러니 문제는 이주민과 난민이 아니라 그들에 대한 증오, 혐오, 그리고 그것을 이용해 정치적 이익을 취하려는 사람들입니다.

그렇다면 이주민과 난민을 많이 수용하고 있는 국가들에서는 왜 그들을 노골적으로 비난하거나 반대 시위를 하는 뉴스가 나오지 않는 걸까요? 그런 국가 사람들은 이주민과 난민이 많아도 아무런 불편함을 느끼지 않는 걸까요?

그 이유를 두 가지 정도 생각해 볼 수 있습니다. 무엇보다 이주민과 난민에 대한 연민과 공감입니다. 전쟁이나 자연재해 때문에 하루아침에 떠돌이 신세가 된 사람들을 우선 도와야 한다고 생각하기 때문입니다. 같은 종교를 가진 경우 연민과 공감이 더 강해서 가족처럼 돕기도 합니다. 그렇다고 불편을 느끼지 않는 건 아닙니다. 많은 이주민과 난민이 들어오면 한정된 사회 서비스나 자원을 그들과 나눠야 합니다. 그러면 자연히 자신들의 몫이 조금 적어질 수 있습니다. 이주민과 난민을 무조건 환영하는 것도 아닙니다. 너무 많으면 강제로 돌려보내기도 합니다. 이란과 파키스탄 정부는 수십만 명의 아프가니스탄 이주민을 강제로 돌려보냈습니다. 그러나 주민들이 이주민과 난민을 혐오하고 쫓아내라고 시위를 하는 일은 거의 생기지 않았습니다. 그들의 잘못으로 이주민과 난민이 된 게 아니라는 걸 잘 알기 때문일 겁니다.

전쟁과 기후 변화로
고향을 떠나다

유엔난민기구는 해마다 세계 이주민과 난민의 숫자, 그리고 상황을 알리는 연례 보고서를 냅니다. 이 보고서에 따르면 2023년 말 기준으로 전 세계 이주민과 난민은 약 1억 1,173만 명이었습니다. 이 숫자에는 법적으로 난민 지위를 받았거나 난민과 같은 상황인 사람들, 난민 인정 신청을 하고 기다리는 사람들, 그리고 국내에서 이주민이 된 사람들, 난민이나 이주민은 아니지만 국제 사회의 보호가 필요한 사람들이 포함되어 있습니다. 2014년 말 기준으로 전 세계 이주민과 난민은 6,000만 명이 되지 않았습니다. 그런데 계속 증가하더니 2022년 말 기준으로 약 1억 840만 명이 됐고 2023년 말에는 2014년의 거의 두 배가 됐습니다.

　이 많은 사람은 왜 고향을 떠나 이주민과 난민이 되었을까요? 가장 큰 이유는 전쟁입니다. 2022년과 2023년 말 기준으로 가장 많은 이주민과 난민을 만든 10개 국가는 같았는데 이 중 9개 국가에서 전쟁이 있었습니다. 전쟁뿐만 아니라 정치적 폭력, 인권 탄압,

심각한 사회적 혼란 등도 이주민과 난민을 만든 이유였습니다. 2023년 말 기준으로 전체 이주민과 난민의 73퍼센트는 아프가니스탄, 시리아, 베네수엘라, 우크라이나, 수단 등 5개 국가 출신이었습니다. 베네수엘라를 제외하고 모두 전쟁 때문에 발생했습니다. 베네수엘라 출신의 이주민과 난민은 약 610만 명이었는데 이들은 정치적 폭력, 사회 혼란, 경제적 어려움 등으로 고국을 떠났습니다.

이주민 중에는 국내 이주민도 많습니다. 다른 국가로 떠날 형편이 되지 않거나 곧 고향으로 돌아갈 생각으로 국내 다른 지역으로 이주한 사람들입니다. 2023년 말 기준으로 전 세계 국내 이주민은 약 6,830만 명으로 전체 이주민과 난민 중 약 58퍼센트를 차지했습니다. 이들 또한 안전하고 생계를 이어 갈 수 있는 곳을 찾아 고향을 떠난 사람들입니다.

이주민과 난민을 만드는 원인, 그러니까 전쟁, 정치적 폭력, 사회적 혼란, 인권 탄압, 경제적 어려움 등은 짧은 시간에 해결되지 않습니다. 한번 일어난 전쟁은 최소한 수년 동안 계속됩니다. 정치적, 경제적 문제도 마찬가지입니다. 독재 정권이나 반복되는 정치적 불안 때문에 생긴 문제들은 사회가 완전히 변하지 않는 한 나아지지 않습니다. 그러니 한번 고향을 떠난 사람들은 돌아가기가 쉽지 않습니다.

　2022년 고향으로 돌아간 이주민과 난민은 약 600만 명으로 전체 이주민과 난민 중 5.5퍼센트에 불과했습니다. 이 중 대부분은 국내 이주민으로 약 570만 명이었고 난민은 약 34만 명에 불과했습니다. 2023년에는 약 610만 명이 고향으로 돌아갔는데 이 중 510만 명 정도가 국내 이주민이었습니다. 난민은 100만 명 정도였습니다. 난민의 귀환율이 낮은 이유는 대부분 전쟁과 정치적 폭력 같은 심각한 상황을 피하려고 떠났거나 돌아가면 당장 목숨을 잃을 수 있는 사람들이기 때문입니다. 난민은 전쟁이 완전히 끝나고 정치적 상황이 변해야 돌아갈 수 있는데 그런 상황은 잘 만들어지지 않습니다. 돌아가지 못하는 경우가 대부분이고 거기에 새로운 이주민과 난민이 더해지니 해마다 숫자가 늘어날 수밖에 없습니다.

　자연재해 때문에 이주민이 되는 경우도 갈수록 늘고 있습니다. 2022년 일 년 동안 자연재해 때문에 전 세계에서 약 870만 명의 국내 이주민이 발생했습니다. 자연재해 중 가장 많은 것이 홍수고 그다음이 태풍, 사이클론, 허리케인 같은 열대성 폭풍입니다. 홍수와 열대성 폭풍은 기후 변화와 관련된 대표적인 자연재해입니다. 반복되는 가뭄 또한 기후 변화의 영향을 받는 심각한 자연재해입니다. 모든 자연재해가 기후 변화와 관련된 건 아니지만 기후 변화 때문에 갈수록 더 많은 자연재해가 발생하고 있습니다. 또한 전쟁과 자연재해가 겹치는 경우도 많습니다. 소말리아, 시리아, 수단, 콩고공화국, 예멘 등이 그렇습니다. 전쟁이 계속되고 있는 소말리아는 가장 많은 이주민과 난민을 만드는 10개 국가 중 하나입니다. 2022년 소말리아에서는 가뭄으로 약 100만 명의 국내 이주민이 발생했습니다. 전쟁과 자연재해의 이중고 때문에 고향을 떠날 수밖에 없었던 겁니다.

어떤 이유이건 이주민이나 난민은 자기 잘못으로 고향을 떠난 사람들이 아닙니다. 누구보다 고향으로 돌아가고 싶은 사람들입니다. 그러나 어쩌면 평생 타지에서, 또는 타국에서 살 수밖에 없을지 모릅니다. 어떤 사람들은 이주민이나 난민이 더 나은 삶을 위해 선진국으로 이주한 사람들이라고 생각합니다. 그런데 그들에게 나은 삶이란 생명의 위협과 생계의 어려움이 없는 삶을 말합니다. 설사 선진국에 머물 수 있게 됐다고 해서 고향에서보다 나은 삶을 살지는 못합니다. 전문 지식이나 자격증이 있어도 좋은 직장을 구할 수 없고 충분한 사회 서비스를 받지도 못하기 때문입니다. 때로는 안전을 위협하는 편견, 비난, 혐오에 직면합니다.

전쟁, 정치적 불안과 폭력, 경제 문제, 기후 변화로 인한 자연재해 등은 이주민과 난민이 만든 게 아닙니다. 그들은 오히려 보호가 필요한 피해자입니다. 그리고 그들을 떠나게 만든 문제들은 모두 세계와 연결되어 있습니다. 기후 변화는 전 세계가 함께 만들고 악화시키고 있는 문제고, 전쟁이나 정치적 불안 또한 보통 다른 국가의 개입이나 영향, 또는 묵인 때문에 생기고 계속됩니다. 그러니 이주민과 난민을 탓하고 비난하는 건 정당하지 않습니다. 세계시민으로서 우리가 해야 할 일은 그들이 어디서든 생명의 위협을 받지 않고 삶을 유지할 수 있도록 돕는 것입니다. 인간으로서 기본적인 권리를 누리도록 지지해 주는 것입니다.

부유한 나라 속
가난한 사람들

2022년 10월 1일 영국 전역의 도시들에서 정부 정책에 항의하는 시위가 벌어졌습니다. 도시마다 수천 명이 시위에 참여해 전기세, 가스비 등의 인상에 항의했습니다. 이들은 식품과 생필품 가격은 모두 올랐는데 임금은 오르지 않았다고 했습니다. 일부 시위자들은 전기세 고지서를 불태웠고 20만 명이 넘는 사람들이 전기세 납부 거부 운동에 동참했습니다. 정부에 항의하는 시위는 11월 5일에는 더 큰 규모로 열렸습니다.

2022년 3월 영국의 물가 상승률은 이전 해 3월보다 6.5퍼센트 상승해 1992년 3월 이후 최고치를 기록했습니다. 그 뒤에 계속 기록을 갱신했고 10월 물가는 일 년 전보다 11.1퍼센트나 높았습니다. 숫자를 보면 별것 아닌 것처럼 보이지만 대다수 국민의 생활에 큰 부담을 주는 물가 상승이었습니다. 특히 식품 가격이 많이 올랐기 때문입니다.

2021년 12월부터 2022년 12월까지 일 년 동안의 구체적인 가

물가 급등에 항의하는 영국 시위대.

격 상승 수치를 보면 빵 20.5퍼센트, 잼 24.2퍼센트, 달걀 28.9퍼센트, 버터 29.4퍼센트, 설탕 38.5퍼센트, 우유 38.5퍼센트, 저지방 우유 46퍼센트였습니다. 조사 결과 저소득 가구의 약 60퍼센트가 일 년 전보다 식품 구입을 줄인 것으로 나타났습니다.

2022년 10월 16일 프랑스의 파리에서도 수만 명이 물가 상승을 이유로 정부에 항의하는 시위를 벌였습니다. 시위자들은 전기세, 생필품 가격, 집세 등의 동결을 요구했습니다. 프랑스의 물가는 2022년 5월에는 이전 해 5월보다 5.8퍼센트나 올랐고 10월에는 일 년 전보다 7.1퍼센트나 상승했습니다. 시위자들은 계속되는 물가 상승으로 생활이 어렵다며 정부에 대책을 요구했습니다.

영국과 프랑스의 물가가 크게 상승한 건 2022년 2월 24일 시작된 우크라이나 전쟁의 영향이 컸습니다. 밀 수출 대국인 러시아와 우크라이나가 전쟁을 시작한 뒤 밀 수출이 거의 중단됐고 유럽 에너지 사용의 상당 부분을 차지했던 러시아의 천연가스 수출도 중단됐기 때문입니다. 그 결과 전 세계의 식량과 에너지 가격이 올랐고 전체 물가가 상승했습니다. 2022년 10월 기준으로 이전 해에 비해 물가가 80퍼센트 이상 오르거나 130~150퍼센트까지 상승한 국가도 많았습니다. 여기에 비하면 영국이나 프랑스의 물가 상승률은 큰 문제가 아닌 것처럼 보였습니다. 그러나 수치의 차이는 고통의 세기가 다르다는 걸 말해 줄 뿐이었습니다. 여윳돈이 없이 빠듯하게 생활하는 평범한 사람들은 어디에 살든 모두 힘든 상황이었습니다.

유엔개발계획(UNDP)이 2023년 7월에 발표한 자료에 따르면 세계 110개 국가의 약 11억 명이 가난에서 벗어나지 못하고 있었습니다. 조사한 110개국의 인구는 약 61억 명이었고 여섯 명 중 약 1명이 가난한 상태라는 얘기였습니다. 가난한 상태는 인간으로서의 기본적인 생활을 위해 필요한 것을 충분히 얻을 수 없는 상태를 말합니다. 또 세계은행의 자료에 따르면 2022년 말 기준으로 세계의 약 7억 1,200만 명이 극심한 가난 속에서 살고 있습니다. 코로나19 이전인 2019년보다 2,300만 명이 늘었습니다. 극심한 가난은 기본적인 생활에 필요한 것을 거의 얻을 수 없는 상태로 보통의 가난보다 심각한 상태를 말합니다. 세계은행은 하루 2.15달러(한화 약 3,000원) 이하를 가지고 사는 경우를 극심한 가난 상태로 봅니다.

우리는 흔히 가난한 사람은 가난한 국가에만 많다고 생각합니다. 선진국, 그러니까 경제 발전으로 여러 면에서 풍족한 국가에는 가난한 사람이 거의 없을 거라고 생각합니다. 또 국가의 상황이 좋으니 가난하더라도 가난한 국가의 가난한 사람보다 형편이 훨씬 나을 거라고 생각합니다. 하지만 유엔과 세계은행의 통계에는 선진국의 가난한 사람도 포함되어 있고 그들의 상황 또한 크게 다르지 않습니다.

세계에서 가장 부유한 국가 중 하나인 미국의 빈곤율, 그러니까 전체 인구 중 빈곤 인구의 비율은 2022년 말 기준으로 12.4퍼센트였습니다. 2021년보다 4.6퍼센트 증가했습니다. 이는 미국 인구 8명 중 1명이 가난하다는 얘기입니다. 어린이 빈곤율도 12.4퍼

소득 불평등을 비판하며 일어난 미국 월가 시위 모습(2011년).

센트였는데 이는 2021년의 5.2퍼센트에 비해 두 배 이상 증가한 수치였습니다.

2023년 4월 기준으로 가난한 사람들에게 식품을 제공하는 '푸드 뱅크'를 찾는 사람들은 일 년 전에 비해 15퍼센트나 증가했습니다. 영국의 상황은 더 심각했습니다. 2023년 초 기준으로 인구의 약 18퍼센트가 가난한 상태였고 어린이의 비율은 더 높아서 25퍼센트나 됐습니다. 하루의 식사 횟수를 줄이거나 아예 거르는 사람들도 증가했습니다. 프랑스는 2022년 말 기준으로 인구의

14.4퍼센트가 가난한 상태였습니다.

가난한 상태를 결정하는 수입의 정도는 국가마다 기준이 다릅니다. 물가가 다르기 때문입니다. 그러나 가난의 기준은 어디서든 같습니다. 기본적인 생활에 필요한 것을 얻을 수 없고 굶주림의 위기에 처한 상태를 말합니다. 선진국의 가난한 사람이라도 가난한 국가의 가난한 사람보다 형편이 낫지 않습니다. 충분한 식량과 편히 누워 잘 집을 구하지 못하는 건 똑같습니다.

선진국의 가난한 사람이 증가한 건 물가 상승, 실업률 증가, 수입 감소, 국가 경제 상황 악화 등 가난한 국가에서와 같은 이유 때문입니다. 특히 코로나19를 거치면서 이 모든 상황이 악화했습니다. 이때 많은 기업이 힘들어졌고, 일자리를 잃는 사람도 많았습니다. 갑작스레 닥친 재난 앞에서 애당초 소득이 적었던 사람들은 실업이나 수입 감소 등에 대비할 여유 자금이 없었습니다. 또한 이들에 대한 정부의 지원 체계가 충분하지도 않았습니다. 사람이 가난해지는 건 쉽고 가난을 벗어나는 건 쉽지 않습니다. 그건 선진국 사람이건 가난한 국가 사람이건 마찬가지입니다.

선진국의 빈곤율은 경제 상황이 나아지고 실업률과 물가 상승률이 낮아지면 줄어들 수 있습니다. 그러나 지난 10여 년의 수치를 보면 많은 선진국에서 빈곤 인구는 크게 줄어들지 않았고 오히려 증가한 국가가 많았습니다. 그렇지만 시간이 지날수록 국가의 부는 증가했습니다. 왜 국가가 부자가 되어도 가난한 사람은 줄어들지 않을까요?

소득 불평등이
문제다

가난한 국가에 가난한 사람이 많은 건 당연합니다. 하지만 부자인 선진국에 가난한 사람이 많은 건 이해하기 어렵습니다. 선진국은 경제적 토대가 튼튼해서 몇 년 정도 경제 상황이 어려워도 국가의 부는 계속 증가하고 부자들도 사업과 투자로 계속 많은 돈을 법니다. 그러니 평범한 사람들의 상황도 그리 나쁘진 않을 거라 생각됩니다. 그런데도 왜 가난한 사람이 늘어날까요?

이 질문에 답해 줄 수 있는 것 중 하나가 소득 불평등입니다. 소득 불평등은 한 사회에 사는 개인 또는 가구 사이 소득, 즉 수입이 균등하게 분배되지 않고 차이가 벌어지는 것을 말합니다. 소득 불평등이 심한 사회에서는 부자인 사람과 가난한 사람 사이의 소득 차이가 매우 큽니다. 중간 정도 소득을 얻는 사람은 적고 막대한 소득을 얻는 부자와 아주 적은 소득을 얻는 가난한 사람이 많아지는 소득 양극화가 생기는 겁니다. 그 결과 부자와 가난한 사람의 재산 차이가 지나치게 커지는 재산 불평등이 생깁니다.

부자가 많아지는 건 괜찮지만 가난한 사람이 많아지는 건 문제입니다. 그런데 부자 국가에서 소득 불평등과 양극화가 점점 심해지고 있습니다. 사람들의 직업과 임금이 다르기 때문에 소득이 다른 건 자연스러운 일이라고 생각할 수 있습니다. 그러나 심한 소득 불평등은 정부 정책, 법, 경제 구조가 잘못돼 만들어진 것이라는 데 문제가 있습니다. 노동자는 충분한 임금을 받지 못하는 데 비해 기업을 운영하거나 투자를 하는 사람들은 하는 일에 비해 지나치게 많은 돈을 법니다. 또 일해서 얻는 소득에는 엄격하게 세금을 부과하는데 부자들이 부동산이나 자금 투자를 해서 얻는 소득에는 제대로 세금을 부과하지 않습니다. 불로소득, 다시 말해 일을 하지 않고 얻은 소득에는 더 많은 세금을 부과해야 하는데 말입니다. 이런 이유로 소득 불평등이 심한 사회는 공평하지도 공정하지도 않은 사회로 여겨집니다. 문제는 전 세계에서 이런 불공평과 불공정, 그리고 소득 불평등이 심해지고 있다는 겁니다.

　　소득 불평등과 양극화는 전 세계적인 현상이고 지금 세계가 직면한 가장 심각한 문제 중 하나입니다. 〈2022 세계불평등보고서〉는 이런 상황을 잘 말해 줍니다. 보고서에 따르면 2021년 기준으로 전 세계 인구 중 하위 50퍼센트의 일 년 소득은 세계 전체 소득의 8.5퍼센트에 불과했습니다. 상위 10퍼센트 인구의 일 년 소득은 전체의 52퍼센트를 차지했습니다. 중간에 속한 40퍼센트는 39.5퍼센트를 차지했습니다. 이런 소득 양극화는 수십 년 동안 계속됐고 시간이 지나면서 심해졌습니다. 축적한 부, 그러니까 가진 재산의 불평등은 더 심했습니다. 하위 50퍼센트는 전 세계 부의 겨우 2퍼센트를 차지했고 상위 10퍼센트는 전체 부의 76퍼센트를 차지했습니다. 중간 40퍼센트가 차지한 부도 22퍼센트에 불과했습니다. 양극화가 얼마나 심한지를 알 수 있습니다. 이제 평범한 사람이 노동을 통해 부자가 되는 건 불가능한 시대가 됐습니다. 세계 경제가 발전하는 건 세계 곳곳에서 열심히 일하는 노동자들 덕분인데, 정작 이 노동자들은 그 혜택을 보지 못하고 있습니다.

소득과 부의 양극화는 개발도상국에서 더 심합니다. 경제가 발전되는 과정에서 가장 빨리 돈을 버는 건 기업을 운영하고 투자를 하는 부자들이니까요. 그리고 경제가 발전해도 평범한 사람들이 수입을 높이고 재산을 늘리려면 긴 시간이 필요하니까요. 그렇다고 부자 국가들의 상황이 많이 나은 건 아닙니다. 부자 국가의 부자들은 전 세계에서 투자를 통해 돈을 버는데 평범한 사람들은 일해야 돈을 벌 수 있으니까요. 그래서 소득과 부의 양극화는 가난한 국가의 상황보다 약간 나을 뿐입니다.

선진국들이 회원인 경제협력개발기구(OECD)의 빈곤율 통계를 보면 경제를 발전시키고 큰 부를 축적한 국가들의 상황을 잘 알 수 있습니다. OECD의 빈곤율은 2014년에 12.1퍼센트였고 2017년에는 11.8퍼센트, 그리고 2021년에는 11.9퍼센트였습니다. 빈곤율에 별 변화가 없고 크게 줄지 않았습니다. 그런데 이건 35개 회원국의 평균이기 때문에 빈곤율이 높은 국가들과 낮은 국가들을 따로 봐야 더 정확한 상황을 알 수 있습니다.

2022년 기준으로 OECD 회원국 중 빈곤율이 가장 높은 국가는 코스타리카로 21퍼센트였고 가장 낮은 국가는 체코로 6.4퍼센트였습니다. 15퍼센트가 넘는 국가는 불가리아, 에스토니아, 이스라엘, 한국, 라트비아, 멕시코, 루마니아, 미국 등이었습니다. 6퍼센트 대의 국가들은 체코, 덴마크, 핀란드, 헝가리 등이었고 7퍼센트 대의 국가들은 벨기에, 노르웨이, 슬로바키아, 슬로베니아 등이었습니다.

빈곤율이 높은 국가들과 낮은 국가들 사이에는 어떤 차이점이 있을까요? 빈곤율이 6~7퍼센트로 낮은 국가들은 소득 불평등 수준이 OECD 국가 중 가장 낮은 국가들이었습니다. 반대로 빈곤율이 높은 국가들은 소득 불평등 수준도 높은 국가들이었습니다. 빈곤율이 8~10퍼센트인 국가들도 그보다 높은 빈곤율을 보인 국가들보다 소득 불평등 수준이 낮았습니다. 물론 소득 불평등이 빈곤율을 높이는 직접적인 원인이라고 단정할 수는 없습니다. 그렇지만 사회적으로 소득이 적절하게 분배되면 가난한 사람이 줄어듭니다. 그래서 각국 정부는 소득 불평등을 해소하기 위해 가난한 사람들과 소득이 충분하지 않은 사람들을 지원하는 다양한 정책을 만듭니다. 빈곤율이 높은 국가는 그런 정책도 충분하지 않다는 것을 말해 줍니다.

임금을
높여야 하는 이유

미국 캘리포니아주의 패스트푸드 가게에서 일하는 노동자들은 2024년 4월 1일부터 시간당 20달러(한화 약 28,000원)의 최저임금을 받게 됐습니다. 캘리포니아주의 시간당 최저임금보다 4달러나 많은 액수로 패스트푸드업계와 노동자들이 합의한 결과였습니다. 양측이 시간당 20달러의 최저임금에 합의하게 된 건 2024년 캘리포니아주의 최저임금이 물가에 비해 적었기 때문입니다. 미국의

최저임금 인상을 요구하는 미국 뉴욕의 시위자들(2015년).

2023년 물가 상승률은 3.4퍼센트였는데 캘리포니아주의 2024년 최저임금 인상률은 약 3.2퍼센트였으니까요. 사실상 최저임금이 전혀 오르지 않았다는 거지요.

최저임금은 노동자가 기본적인 생활을 유지하는 데 필요한 최소한의 임금입니다. 그래서 많은 국가가 법으로 최저임금을 정하고 있습니다. 최저임금은 기본적으로 물가 상승률을 반영합니다. 물가가 오른 만큼 최저임금이 올라야 노동자가 최소한 빚은 지지 않고 살 수 있으니까요. 최저임금이 너무 낮거나 물가 상승을 따라가지 못하면 일을 해도 가난해지는 사람이 늘어납니다.

2024년 7월 1일부터 호주의 최저임금은 이전 해보다 3.75퍼센트 인상됐고 시간당 최저임금이 24.10 호주 달러(한화 약 22,000원)가 됐습니다. 호주는 7월부터 회계 연도가 시작됩니다(참고로 우리나라의 회계 연도는 1월부터 시작됩니다). 2024년 7월 이전 호주의 일 년 동안의 물가 상승률은 3.5퍼센트였고 최저임금 상승률은 3.75퍼센트였기 때문에 물가가 제대로 반영된 것이었습니다. 최저임금 인상과 관련해 호주 정부는 소득이 적은 가구와 노동자의 생활이 물가 상승으로 인해 후퇴하지도 어려움을 겪지도 않아야 한다고 했습니다.

유럽연합 회원국들은 2023년에 최저임금을 대폭 올렸습니다.

가장 많이 올린 국가는 라트비아로 거의 25퍼센트를 올렸고 그다음은 독일로 22퍼센트 이상을 인상했습니다. 그 외 5개 국가가 15퍼센트 이상, 4개 국가가 10퍼센트 이상을 인상했습니다. 나머지 국가들도 5퍼센트 이상을 인상했습니다. 이렇게 최저임금을 많이 인상한 이유는 2022년도에 물가 상승률이 높았기 때문입니다. 회원국들은 2024년에도 물가 상승률을 고려해 최저임금을 인상했습니다. 유럽연합은 2022년 기준으로 최저임금을 받는 노동자 중 약 23퍼센트가 빚을 지지 않고 살기 힘든 상황이었고, 최저임금 이상을 받는 노동자 중에도 약 14퍼센트가 빚을 져야 하는 상황이었다고 밝혔습니다. 그러면서 2023년과 2024년의 최저임금 상승으로 이들의 상황이 한층 나아졌다고 했습니다.

한국의 경우를 보겠습니다. 최저임금은 2023년에 이전 해보다 5.0퍼센트, 2024년에 2.5퍼센트 상승했습니다. 그런데 물가 상승률은 2022년에 5.1퍼센트, 2023년에 3.6퍼센트였습니다. 최저임금 인상률이 이전 해의 물가 상승률을 따라가지 못했습니다. 2024년 8월 29일 고용노동부는 2024년 1~6월의 노동자 임금이 사실상 일 년 전에 비해 0.4퍼센트 하락했다고 밝혔습니다. 받는 액수는 일 년 전보다 많았지만 물가가 높으니 살 수 있는 건 오히려 줄어들었습니다. 이렇게 최저임금 인상률이 물가 상승률을 따라가지 못해서 사실상 임금이 하락하는 상황이 2022년부터 3년 동안 계속됐습니다. 그 결과 노동자들의 살림은 갈수록 팍팍해졌고 빚은 늘어났습니다. 가난한 사람들의 상황은 더 악화했습니다.

최저임금이 관심을 받는 이유는 소득 불평등 때문입니다. 최저임금이 물가 상승률을 따라가지 못하면 빈곤율이 높아지는 건 물론이고 소득 불평등이 더욱 심해집니다. 그래서 전문가들은 소득 불평등 문제를 해결하기 위해 최저임금이 높아져야 한다고 말합니다. 그래야 최저임금을 받고도 걱정 없이 살 수 있고 나아가 재산을 모을 수 있으니까요. 그런데 세계 많은 국가에서 최저임금은 여전히 최소한의 임금이거나 그마저도 안 됩니다. 그래서 최저임금을 받고 일하면 먹고사는 문제를 해결하기도, 나은 미래를 기대하기도 힘든 겁니다. 최저임금을 받고는 재산을 모으기는커녕 가난해지지 않기도 힘듭니다.

부자에게는
더 많은 세금을

매년 1월 스위스의 다보스에서는 세계경제포럼이 열립니다. 2024년 1월에 열린 포럼에서는 세계에서 정치적, 경제적 영향력이 큰 20개 국가, 즉 G20에 사는 백만장자와 억만장자 260명이 서명한 편지가 공개됐습니다. 내용은 정치인들에게 부자들의 세금을 올릴 것을 요청하는 것이었습니다. 이 편지와 함께 G20 국가의 부자, 그러니까 거주하는 주택을 제외한 재산이 최소 100만 달러(한화 약 14억 원) 이상인 2,300명에 대한 여론 조사 결과도 공개됐습니다. 응답자 중 74퍼센트가 공공 서비스를 개선하고 생활 물가 상승 문제를 해결하기 위해 부자에게 많은 세금을 부과해야 한다는 데 찬성했습니다. 2023년 9월에는 세계 400명의 백만장자, 정치 지도자, 경제학자 등이 G20 회의에서 부자들의 세금을 올리는 방안을 논의해 달라고 요청하기도 했습니다.

부자들이 세금을 더 내겠으니 방법을 찾아 달라고 하는 이유는 세계적으로 부자들과 가난한 사람들의 소득과 부의 차이가 사회 발전을 막을 정도로 매우 심각하기 때문입니다. 지난 수십 년 동안 부자들의 재산은 계속 늘었습니다. 심지어 코로나19 상황에서도 세계 인구 99퍼센트의 소득과 재산은 줄었지만 1퍼센트 부자들의 소득과 재산은 두 배 이상 증가했습니다. 이 때문에 부자들에게 부과하는 부유세가 필요하다는 여론이 높습니다. 부유세가 부과되면 국가 수입이 늘고 그것으로 빈곤율을 낮추고 중산층과 저소득층의 소득을 늘릴 다양한 정책을 실행할 수 있습니다. 그러면 소득과 부의 불평등 상황이 조금씩 개선될 겁니다. 2024년 7월 G20 국가의 재무장관들은 '슈퍼 리치'라 불리는 초부자들에게 부유세를 부과하는 제도를 만들기 위해 노력하기로 했습니다.

세계적으로 논의되고 있는 부유세는 1억 달러(한화 약 1,400억 원) 이상의 재산을 가진 부자들에게 일 년에 재산의 2퍼센트에 해당하는 세금을 부과하는 것입니다. 대상이 되는 재산은 은행 예금, 채권, 주식, 펀드, 부동산, 사치품, 상속 재산 등입니다. 10억 달러(한화 약 1조 4,000억 원) 이상의 재산을 가진 부자들에게는 추가로 1퍼센트의 부유세를 더 매기자는 의견도 있습니다.

부유세는 전혀 새로운 것이 아닙니다. 유럽 국가들은 수십 년 전부터 여러 형태로 부유세를 부과해 왔습니다. 2024년 기준으로 노르웨이, 스페인, 스위스는 세율은 다르지만 전체 재산에 대해, 그리고 프랑스, 벨기에, 이탈리아, 네덜란드는 일부 재산에 대해 부유세를 부과하고 있습니다. 이런 국가들에서도 부유세가 더 강화되어야 한다는 여론이 높습니다.

부자들에게 부유세를 매겨야 한다는 데 세계인 대다수가 찬성하고 있습니다. 2024년 6월에 G20 국가 중 17개 국가의 부유세에 대한 여론 조사 결과가 발표됐는데 찬성 평균이 68퍼센트였습니다. 국가별로 찬성 비율이 높은 곳은 80퍼센트가 넘기도 했고 한국도 평균보다 높은 71퍼센트를 나타냈습니다. 찬성 비율이 낮은 국가에서도 54퍼센트가 나왔습니다. 이제 부유세는 세계적인 여론이 됐고 다만 어떻게, 얼마나 빨리 효과적으로 할 수 있을지가 문제일 뿐입니다.

부유세를 부과하는 건 불공평하다고 생각할 수 있는데 따져보면 그렇지 않습니다. 부유세를 부과해야 하는 이유는 은행 예금, 펀드, 주식 투자, 부동산 투자 등으로 늘어난 재산이 노력에 대한 대가가 아니라 세계와 국내 경제 상황 변화에 따라 얻어진 불로소득이기 때문입니다. 또한 부자들이 혼자 힘으로 재산을 모은 게 아니기 때문입니다. 재산 축적은 많은 노동자와 소비자, 그리고 도로, 항구, 공항, 통신망 등 사회 기반 시설이 있어야 가능합니다. 요즘엔 배우, 가수, 유튜버 중에도 부자가 많은데 그들도 팬, 다른 말로 소비자가 있어서 돈을 벌고 재산을 늘리는 겁니다. 이들 또한 국가와 사회가 만든 인터넷망과 사회 기반 시설을 이용합니다. 돈으로 돈을 불리는 예금, 주식, 펀드 등을 통한 재산 축적도 생산과 소비, 그리고 노동자가 있기 때문에 가능합니다. 그러니 늘어난 소득과 재산에 대해 세금을 내는 건 당연하고 특히 노력하지 않고 얻은 소득에는 더 많은 세금을 내야 합니다. 복권에 당첨됐을 때 높은 세율의 세금을 내는 것과 같은 이치입니다.

그런데 부자들은 세금을 많이 내기는커녕 일반 노동자들보다 적게 내곤 합니다. 2023년 9월 미국 백악관은 2021년 기준으로 400개 억만장자 가구는 소득의 8.2퍼센트를, 평범한 노동자 가구는 소득의 13퍼센트를 세금으로 냈다고 밝혔습니다. 이런 차이가 생기는 이유는 노동자의 소득에 대해서는 자동으로 세금이 부과되지만 주식이나 펀드로 얻은 부자들의 소득에 대해서는 세금 우대를 해 주거나 전혀 세금을 부과하지 않기 때문이라고 설명했습니다. 또한 부자들이 세금을 피하려고 여러 가지 수단을 쓰기 때문이라고도 했습니다. 미국의 사례는 부자들의 재산이 많이 늘어난 이유 중 하나가 그동안 제대로 세금이 부과되지 않았기 때문이었다는 걸 말해 줍니다. 소득이 많은 사람에게 낮은 세율을 적용하고 적게 버는 사람에게 오히려 높은 세율을 적용하는 건 공평하지 않습니다.

세계가 부유세를 진지하게 논의하는 이유는 지금까지 말한 것처럼 소득과 부의 불평등이 심각하기 때문입니다. 선진국에서조차 빈곤율이 증가하고 중산층이 적어지고 빚을 지고 사는 사람이 많습니다. 특히 소득 불평등이 공평하지도 공정하지도 않은 경제정책과 세금 때문이라는 게 알려지면서 사람들의 불만이 커지고 있습니다. 이런 이유로 정치에 대한 불신, 자신의 권리를 빼앗겼다고 생각하고 억울해하는 상대적 박탈감, 타인에 대한 경쟁심과 반감의 증가 같은 사회 문제도 심각해지고 있습니다. 또한 자기 이익만 생각하는 사람이 많아져 갈수록 타인에 대한 경계와 비난이 높은 사회와 세계가 되고 있습니다. 소득과 부의 불평등 문제가 경제 문제만이 아닌 것입니다. 그래서 많은 사람이 공존하는 사회와 세계를 만들기 위해서도 소득과 부의 불평등 문제를 해결해야 하고 이를 위해 부유세가 필요하다고 주장합니다.

8.
세계시민이 세상을 바꾼다

여배우도
중고 옷을 입는다

2023년 4월 세계적으로 유명한 OTT 시리즈에 출연한 영국 여배우가 입은 옷이 화제가 되었습니다. 그녀는 새로운 시리즈를 홍보하기 위해 출연한 토크쇼에 이전에 입었던 옷을 입고 나왔습니다. 보통 배우들은 방송에 나올 때면 한 번 입은 옷을 다시 입지 않는 게 일반적이기 때문에 사람들 사이에서 이슈가 되었습니다.

그녀는 그 옷을 이미 여러 차례 공개 석상에 입어서 기자들도 일반인들도 익숙할 정도였습니다. 같은 옷을 입은 건 실수가 아니었고 그녀는 옷이 닳을 때까지 입는 게 당연하다고 했습니다. 자신은 또 자주 중고 옷을 사서 입는다고 했습니다. 그녀뿐만 아니라 세계적으로 유명한 여배우 중에는 중고 옷을 사서 입는 사람이 제법 많습니다. 그들은 중고 옷을 사면 독특한 자신만의 스타일링을 할 수 있어서 좋다고 말합니다. 그러나 가장 중요한 이유는 지구를 보호하는 데 도움이 되기 때문이라고 말합니다.

옷의 과잉 생산과 과잉 소비로 쓰레기 옷이 많이 생기고 그로 인해 환경 문제가 발생해 피해를 입는 사람들이 늘고 있습니다. 그 래서 세계 곳곳의 많은 시민 단체와 세계시민이 이 문제를 해결하기 위해 노력하고 있습니다. 이들이 강조하는 건 두 가지입니다. 하나는 옷을 덜 사거나 가능하면 사지 말라는 것이고, 다른 하나는 옷을 오래 입거나 고쳐서 입으라는 것입니다. 특히 옷의 재사용을 강조하고 있습니다. 버리는 옷은 재활용되는 비율이 너무 낮아서 재사용이 지구 환경을 지키고 자원 낭비를 줄이는 데 가장 효과적이라는 겁니다.

한 벌의 옷을 재사용하면 3킬로그램의 이산화탄소 배출을 줄일 수 있습니다. 물 소비도 줄일 수 있습니다. 한 장의 면 셔츠를 생산하는 데 2,700리터, 청바지를 생산하는 데 7,000리터의 물이 들어가니까요. 옷을 재사용하는 방법은 두 가지입니다. 하나는 안 사고 자주 입지 않는 옷을 꺼내서 입는 것이고, 다른 하나는 새 옷이 아니라 중고 옷을 사는 것입니다. 영국의 유명 여배우가 했던 것처럼 말입니다. 옷 쓰레기 줄이기와 재사용 캠페인을 하는 사람들은 자기 옷을 사랑하고 쓰레기 매립장으로 보내지 말라고 말합니다.

옷 재사용 캠페인을 하는 영국의 한 시민 단체는 매년 영국에서 약 125억 파운드(약 22조 5,000억 원/ 1파운드 1,800원) 어치의 옷이 버려진다고 밝혔습니다. 또한 약 300억 파운드(약 54조 원) 어치의 입지 않는 옷이 옷장에 방치되어 있다고 했습니다. 이것은 영국인들이 필요한 것보다 많은 옷을 샀다는 걸 의미합니다. 그러면서 옷한 벌을 9개월만 더 오래 입어도 이산화탄소 배출과 물 소비를 20~30퍼센트 줄일 수 있다고 했습니다.

많은 옷이 옷장에 방치되어 있거나 쓰레기 매립장으로 가는 건 옷을 많이 소비하는 모든 국가에서 벌어지고 있는 일입니다. 세계에서 1인당 옷 쓰레기 배출량이 가장 많은 미국에서는 연간 약 500억 벌의 옷이 쓰레기 매립장으로 향합니다. 미국 인구가 약 3억 4,000만 명이니 한 해에 1인당 140벌 이상을 버리는 셈입니다. 그래서 미국의 시민 단체들은 옷의 재사용을 늘리기 위해 노력하고 있습니다. 옷을 직접 수거해 상세하게 분류한 후 중고 옷으로 파는 겁니다. 또 영국의 한 구호 개발 단체는 매년 9월 한 달 동안에 중고 옷 판매와 입기 캠페인을 합니다. 이 캠페인에는 유명한 배우가 홍보대사로 참여합니다.

한국에도 비슷한 일을 하는 단체와 시민 들이 있습니다. 이들 역시 옷을 오래 입고, 수선해서 입고, 또는 다른 사람의 옷과 교환

해서 입자는 캠페인을 벌이고 있습니다. 그러나 아직은 많은 사람의 관심을 받지 못하고 있습니다. 한국에도 중고 옷을 판매하는 가게가 있습니다. 하지만 이용자가 많지 않고 그래서인지 중고 옷가게 또한 많지 않습니다. 여전히 대부분의 사람은 유행에 맞춰 새 옷을 사는 데 더 관심이 있습니다.

요즘에는 중고 명품을 사는 사람들이 많습니다. 또 젊은 세대에서는 독특한 패션 감각을 드러내기 위해 중고 옷을 사는 것이 유행이기도 합니다. 그러나 이것은 지구 환경을 위해, 옷 생산을 줄이기 위한 실천의 차원은 아닙니다. 이들은 새 옷도 많이 사곤 합니다. 이런 소비는 과잉 생산과 옷 쓰레기를 줄이는 데 도움이 되지 않습니다.

옷을 오래 입고 중고 옷을 사는 사람이 많아지려면 우리의 생각이 바뀌어야 합니다. 누군가의 옷을 보고 유행에 뒤떨어졌다거나 패션 감각이 없다고 비난하는 일은 없어야 합니다. 오래된 옷이나 설사 구멍이 난 옷을 입더라도 그 사람만의 선택으로 존중해 줘야 합니다. 누군가 옷 생산을 줄이고 지구 환경을 보호하기 위해, 그리고 옷 쓰레기로 고통 받는 사람들을 생각하며 옷을 해어질 때까지 입는다면 우리는 그들에게 감사해해야 합니다. 그런 목

적이 아니더라도 같은 옷을 자주 입고, 수선해서 입고, 중고 옷을
사 입는다면 그 또한 칭찬할 만한 일입니다. 그 사람은 우리 시대
에 가장 필요한 세계시민이니까요.

2024년 4월 17일 미국 뉴욕에 있는 컬럼비아 대학교의 학생들이 캠퍼스에 텐트를 치고 농성을 시작했습니다. 학생들은 정부에 팔레스타인 가자지구에서 계속되고 있는 전쟁을 중단하라고 요구했습니다. 6개월 이상 이스라엘이 가자지구를 무차별로 공격해 주민들을 집단 학살했고 국제 사회의 식량과 의약품 등 인도주의적인 구호 물품의 지원을 막아서 가자지구에 굶주림과 질병이 심해졌습니다. 학생들은 정부에 이런 전쟁 범죄를 저지르고 있는 이스라

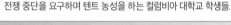

전쟁 중단을 요구하며 텐트 농성을 하는 컬럼비아 대학교 학생들.

엘에 더는 무기를 지원하지 말라고 했습니다. 대학에는 이스라엘에 무기를 공급하는 무기 생산 기업에 대한 투자를 중단하고 그런 기업들로부터 기부를 받지도 말라고 했습니다.

컬럼비아 대학교를 시작으로 전국의 대학에서 텐트 시위가 이어졌습니다. 4월 30일 컬럼비아 대학교 당국은 경찰을 불러 학생들을 강제 해산시켰습니다. 이 과정에서 100명이 넘는 학생이 체포됐습니다. 다른 대학들에서도 경찰이 학생들을 강제로 해산하고 체포했습니다. 미국과 전 세계의 많은 사람이 대학생들의 시위를 지지했습니다.

미국 대학생들만 시위를 한 건 아닙니다. 가자지구 전쟁이 시작된 직후부터 세계 곳곳에서 가자지구 전쟁과 팔레스타인 주민 학살에 반대하고 전쟁 종식을 요구하는 시위가 있었습니다. 미국의 뉴욕, 영국의 런던, 캐나다의 토론토, 호주의 시드니, 네덜란드의 암스테르담, 프랑스의 파리, 이탈리아의 로마, 인도네시아의 자카르타, 한국의 서울 등 수많은 대도시와 소도시에서 시위가 계속됐습니다. 일부 사람들은 하마스의 공격으로 많은 국민을 잃은 이스라엘을 규탄하는 건 옳지 않다고 했습니다. 그런데 시위자들은 이스라엘의 가자지구 민간인 집단 학살과 인도주의 지원 방해를 규탄한 것이지 하마스의 이스라엘 민간인 학살을 지지한 게 아니었습니다. 이스라엘이 공격을 받고 피해를 입었다고 해서 가자지구 민간인을 집단 학살할 권리가 있는 건 아니니까요. 전쟁이 계속되고 하마스에 끌려간 인질이 돌아오지 않자 이스라엘 내에서도 전쟁에 반대하고 정부를 비난하는 시위가 계속됐습니다.

세계 곳곳의 시위가 당장 전쟁을 끝내지는 못했지만 많은 성과를 냈습니다. 대통령 선거를 앞둔 미국에서는 이스라엘의 집단 학살과 미국의 무기 지원을 규탄하는 젊은이들을 포함해 많은 사람이 집권당인 민주당 후보에 대한 지지를 거두었습니다. 이것은 미국 정부에 큰 압력이 됐습니다. 선거에서 질 수도 있다는 생각에 미국 정부는 이스라엘에 민간인 공격을 중단하라고 경고하고 이스라엘과 하마스의 휴전 협상을 적극적으로 진행하기 시작했습니다. 캐나다, 일본, 스페인, 벨기에, 이탈리아, 네덜란드 등은 국민의 비난이 높아지자 이스라엘에 대한 무기 지원을 중단했습니다. 미국과 영국도 일부 무기의 공급을 중단했습니다.

2024년 5월 28일 스페인, 아일랜드, 노르웨이는 팔레스타인을 국가로 인정했습니다. 이런 결정을 한 이유는 가자지구 공격과 학살을 중단하도록 이스라엘에 외교적 압력을 넣고 가자지구 전쟁을 끝내기 위해서였습니다. 그동안 대부분의 유럽 국가는 이스라엘과의 관계를 고려해 이스라엘이 점령하고 있는 팔레스타인을 국가로 인정하길 꺼렸습니다. 그런데 3개 국가의 결정으로 193개 유엔 회원국 중 145개 국가가 팔레스타인을 국가로 인정하게 됐습니다. 2024년 5월 기준으로 11개 국가는 이스라엘과 외교 관계를 중단했습니다. 2024년 6월 2일 몰디브는 아예 이스라엘 여권 소지자의 입국을 금지했습니다. 이 결정은 이스라엘의 가자지구 난민 캠프 공격으로 45명이 사망하고 200명 이상이 부상을 당한 후에 나왔습니다.

이스라엘에 대한 무기 지원 중단, 팔레스타인 국가 인정, 이스라엘과의 외교 관계 단절, 이스라엘인 입국 금지 등은 각국 정부의 결정이지만 이런 일들은 국민의 지지가 없이는 할 수 없는 일이었습니다. 세계 곳곳의 세계시민이 이스라엘의 학살을 규탄하고, 전쟁 종식을 위한 시위를 하고, 각자 자기 정부에 압력을 넣었기 때문에 가능한 일이었습니다.

난민의 손을
잡아 준 사람들

2024년 1월 18일 이른 아침 지중해 한복판에서 전복의 위기에 처한 파란색 나무배에 한 구조선이 다가갔습니다. 나무배에는 저체온증, 탈수증, 극심한 피로에 지친 126명이 2미터가 넘는 파도를 견디며 몇 시간째 간신히 몸을 지탱하고 있었습니다. 이들은 동이 트기 전 깜깜한 바다에서 살려 달라고 소리를 질렀고 운이 좋게 구조됐습니다. 구조된 사람 중에는 갓 태어난 아이와 어린이 30명이 포함되어 있었는데 대부분 부모가 없었습니다. 탈수증과 피로로 걷는 것조차 힘든 노인들도 있었습니다. 이틀 전 북아프리카의 리비아에서 출발한 이들은 기상 악화와 높은 파도 때문에 곤란에 처해 있던 중 구조돼 무사히 구조선으로 옮겨 탔습니다.

지중해는 남부 유럽, 북부 아프리카, 그리고 서부 아시아에 면해 있는 바다입니다. 많은 아프리카와 아시아의 난민과 이주민이 유럽으로 가기 위해 지중해를 건넙니다. 이들은 전쟁, 폭력, 차별, 생계의 어려움 등 때문에 고국을 떠난 사람들입니다. 외국인 노동자로 일하던 국가에서 열악한 노동 환경과 폭력을 견디다 못해 떠난 사람들도 있습니다. 그러나 지중해를 건너는 건 쉬운 일이 아닙니다. 보통 낡고 작은 배에 많은 사람이 타기 때문에 뒤집힐 위험이 있고 작은 배는 높은 파도를 견디기도 힘듭니다. 그래서 매년 수천 명의 난민과 이주민이 '죽음의 루트'인 지중해를 건너다 죽거나 실종됩니다. 유엔난민기구에 따르면 2022년에 3,017명, 2023년에 4,110명이 지중해에서 죽거나 실종됐습니다. 2014년부터 2023년까지 집계된 사망자는 2만 8,851명이었습니다. 그러나 전문가들은 실제 숫자는 이보다 훨씬 많다고 말합니다.

지중해를 건너다 목숨을 잃는 사람들이 많아지자 유럽 여러 국가의 시민 단체들과 자원봉사자들이 난민과 이주민 구조에 발을 벗고 나섰습니다. 유럽으로 난민과 이주민이 몰리기 시작한 2015년 이후부터 이들은 대형 선박을 가지고 위험에 처한 난민과 이주민을 구조해 오고 있습니다. 이들이 구조하는 사람은 매년 수만 명에 달합니다.

유럽 국가들은 난민과 이주민이 들어오는 걸 매우 부담스럽게 생각합니다. 난민과 이주민에 반대하는 사람들은 구조하는 일을 비난하기도 합니다. 그러나 이들은 난민과 이주민이 바다에서 목숨을 잃어서는 안 된다고 말합니다. 그들 모두 자신의 잘못이 아니라 전쟁, 폭력, 생계 위험 등 절박한 상황 때문에 배에 올라탔고 인간으로서 보호받을 권리를 가졌기 때문입니다.

2018년 6월 한국 사회는 난민 공포에 휩싸였습니다. 제주도에 전쟁을 피해서 온 예멘 출신 난민 500명 이상이 들어왔다는 뉴스가 전해졌기 때문입니다. 이슬람 국가에서 왔다는 이유로 많은 사람이 그들을 범죄자 취급했고 그들이 한국 사회에 큰 피해를 줄 것처럼 공포를 드러냈습니다. 하지만 그 공포는 전혀 실체가 없는 것이었고 '이슬람'과 '난민'에 대한 선입견과 혐오에 근거한 것이었습니다. 많은 사람이 그들을 내쫓으라는 국민 청원에 서명하고 시위를 했습니다. 이런 가운데 한편에서는 또 다른 많은 사람이 난민에게 지지를 보냈습니다. 전쟁을 피해서 먼 곳까지 온 사람들을 보호해 줘야 한다고 했습니다.

전국적으로 예멘 난민을 혐오하는 사람들이 많아지고 난민들이 위험해지자 6월 27일 제주도의 종교 단체, 시민 단체, 정당 등은 '난민 인권을 위한 범도민 위원회'를 만들었습니다. 위원회는 난민들에게 법률 지원, 의료 지원, 노동 상담 등을 제공하고 제주도민에게 난민에 대한 이해를 높이는 교육을 했습니다. 난민의 안전을 보장하고 더불어 살기 위해서였습니다.

시간이 지나자 이런 노력은 빛을 발했습니다. 3년이 지난 2021년 7월 한 신문은 제주도 상황을 보도하면서 치킨 가게에서 일자리를 구한 한 예멘 난민의 사례도 소개했습니다. 일자리를 구하는 데 도움을 준 한 종교 단체 관계자는 "3년 전과 달리 요즘은 난민이라고 해도 바로 고용된다"면서 "성실하게 일하는 걸 주민들이 알기 때문"이라고 했습니다. 제주도청 관계자는 "난민과 관련된 어떠한 사건·사고도 들어 본 적이 없다. 주민들로부터 문제가 있다거나 불만이 있다는 얘기도 나온 게 없다"고 말했습니다. 주민들도 "처음엔 난민에게 거부감이 들었지만 지금은 그렇지 않다"고 했습니다. 2025년 1월 현재도 예멘은 전쟁 중이어서 예멘 난민은 여전히 돌아갈 수가 없습니다. 다행히 한국 사회에서 그럭저럭 어울려 살고 있습니다.

한국은 난민에게 혹독한 국가입니다. 한국의 난민 인정 비율은 OECD 국가 중 가장 낮은 수준으로 2022년에 2.03퍼센트, 2023년에 1.53퍼센트였습니다. 대부분 OECD 국가의 난민 인정 비율은 20퍼센트 이상에서 거의 60퍼센트에 달합니다. 그래서 한국에서 난민으로 인정받는 건 거의 '하늘의 별 따기' 수준입니다.

예멘 난민에 대해서도 신청자 484명 중 1퍼센트도 안 되는 2명에게만 난민 지위가 부여됐습니다. 나머지 412명에게는 인도적인 이유로 체류할 수 있는 허가가 내려졌고 56명에게는 아무런 체류 허가도 내려지지 않았습니다. 그러니 우리가 '난민'으로 부르는 사람들도 법적으로는 난민이 아니고 인도적 체류자인 셈입니다.

이렇게 난민 인정 비율이 낮은 이유 중 하나는 난민에 대한 근거 없는 의심과 편견을 가지고 난민을 거부하고 혐오하는 사람들이 많기 때문입니다. 그리고 정부가 국민의 눈치를 보거나 국민 핑계를 대기 때문입니다. 이것은 우리 사회에 어려움에 처한 사람들을 수용하고 그들과 더불어 살 준비가 되어 있지 않은 사람들이 여전히 많다는 것을 의미합니다.

'2톤의 삶'에
도전하는 사람들

한 사람이 일 년 동안 배출하는 이산화탄소는 2023년 기준으로 약 4.7톤입니다. 그런데 이건 세계 평균일 뿐이고 실제로는 많이 배출하는 사람들과 적게 배출하는 사람들이 있습니다. 소득이 높고 소비를 많이 하는 사람은 많은 이산화탄소를 배출합니다. 국가도 마찬가지입니다. 경제가 발달하고 국민의 생활 수준이 높은 국가들, 그리고 이산화탄소 배출량을 줄이는 노력을 하지 않는 국가들은 이산화탄소를 많이 배출합니다. 경제가 덜 발달하고 많은 국민의 생활 수준이 여전히 낮은 국가들은 이산화탄소를 적게 배출합니다. 그래서 국가별 이산화탄소 배출량을 볼 때는 1인당 배출량을 함께 봐야 합니다.

세계에서 일 년에 이산화탄소를 가장 많이 배출하는 국가는 중국이고, 2위는 미국, 3위는 인도입니다. 그러나 2023년 기준으로 1인당 일 년 이산화탄소 배출량은 미국이 13.83톤, 중국이 9.24톤, 인도는 2.07톤이었습니다. 인도는 세계 평균에 한참 못 미칩니다. 그렇다고 미국이 1인당 이산화탄소 배출량이 가장 많은 국가는 아닙니다. 놀랍게도 2023년 기준으로 1인당 이산화탄소 배출량이 가장 많은 국가는 남태평양의 작은 섬나라 팔라우로 62.59톤이었습니다. 원인은 디젤유를 쓰는 2개의 발전소 때문이었습니다. 화석 연료가 이산화탄소 배출에 큰 영향을 미친다는 걸 잘 보여줍니다.

팔라우를 제외하고 1인당 이산화탄소 배출량이 많은 국가는 대부분 원유를 생산하는 국가들이었습니다. 카타르 43.55톤, 쿠웨이트 24.90톤, 바레인 20.70톤, 아랍에미리트 20.22톤, 사우디아라비아 17.15톤 등이었습니다. 한국은 11.04톤으로 미국이나 캐나다보다는 적었지만 독일의 7.06톤, 프랑스의 4.25톤, 이탈리아의 5.19톤, 영국의 4.42톤에 비하면 매우 높았습니다.

2015년 세계 정부들은 프랑스 파리에 모여 지구 온도를 산업화 이전보다 1.5도 이상 높아지지 않게 하기로 합의했습니다. 이후 이 목표를 달성하기 위해 1인당 연간 이산화탄소 배출량을 2톤으로 줄여야 한다는 주장이 나왔습니다. 1톤의 이산화탄소는 휘발유를 쓰는 자동차로 약 8,000킬로미터를 이동할 때, 고속철로 약 480킬로미터의 거리를 72번 갈 때, 비행기로 3시간 걸리는 거리를

2.6회 왕복할 때, 그리고 고기를 138끼 먹을 때 배출됩니다.

사람마다 다르겠지만 한 사람이 일 년 동안 2톤의 이산화탄소만 배출하고 살기는 매우 어렵습니다. 먼 곳으로 자주 여행을 가지 않아야 하고, 고기를 먹는 횟수를 대폭 줄여야 하고, 자동차 이용도 되도록 하지 않아야 합니다. 우리는 눈을 뜰 때부터 잠자리에 들 때까지 계속 이산화탄소를 배출합니다. 심지어 우리가 잘 때도 온갖 가전제품이 작동하며 이산화탄소를 배출합니다. 이런데 어떻게 일 년에 2톤만 배출하면서 살 수 있을까요?

그런데 믿기 힘들겠지만 일 년에 2톤만 배출하면서 살기에 도전하는 사람들이 있습니다. 2톤의 삶에 도전하고 싶은 사람들을 도와주는 단체들도 있고 목표를 달성하는 사람들도 있습니다. 이런 삶을 시도하는 사람들과 단체들이 제안하고 지키는 것들은 비슷합니다. 육식 대신 채식을 하고, 음식물 쓰레기를 줄이고, 옷을 사지 않거나 일 년에 3개 이하만 삽니다. 또 자동차 이용을 줄이고, 전자제품을 오래 사용하거나 고쳐서 씁니다. 무엇보다 비행기 이용을 줄여야 하는데 단거리 비행은 3년에 한 번, 장거리 비행은 8년에 한 번 합니다. 특히 중요한 건 기후 정책을 바꾸기 위한 여러 캠페인에 참여하는 겁니다. 개인이 노력해도 정부의 정책이 바뀌지 않으면 이산화탄소 배출량을 크게 줄일 수 없기 때문입니다.

2톤만 배출하며 살기 위해서는 이전의 생활 방식을 포기하고 거의 모든 걸 바꿔야 합니다. 우리는 이미 이산화탄소를 많이 배출하는 생활에 익숙해져 있고, 생계와 안전한 생활을 위해 꼭 필요한 경우도 있어서 2톤 이하로 사는 건 거의 불가능해 보입니다. 특히 1인당 배출량이 세계 평균보다 훨씬 높은 국가에 살고 있다면 더욱 힘들 겁니다.

그런데 가장 중요한 건 반드시 2톤까지 줄이는 것보다 최대한 이전보다 배출량을 줄이려 노력하는 자세입니다. 자신이 꼭 필요한 것 때문에 이산화탄소 배출을 해야 한다면 다른 곳에서 줄일 수 있습니다. 예를 들어 성장을 위해 고기를 자주 먹는 청소년이라면 핸드폰 사용이나 옷 구매를 줄일 수 있습니다. 또 채식을 일주일에 몇 회라도 늘릴 수도 있습니다. 일 때문에 꼭 자동차를 이용해야 하는 사람이라면 채식을 늘리고 전자제품을 최대한 오래 사용할 수 있습니다. 버스나 기차 같은 대중교통을 자주 이용하는 것도 하나의 방법입니다. 이산화탄소 배출량을 줄이기 위해 모든 것을 포기할 수는 없지만 아무 것도 포기하지 않으면 기후 위기는 계속될 수밖에 없으니까요.

2021년 9월 유럽의 한 기관이 기후 위기와 관련해 10개 국가 사람들에게 의견을 물었습니다. 기후 위기가 중대한 환경 문제인지에 대해서 62퍼센트가 그렇다고 답했습니다. 그런데 지구를 위해 자신의 생활을 바꿀 수 있는지 물었더니 46퍼센트만이 그럴 수 있다고 답했습니다. 대다수가 자기 기준으로 지구를 위해 많이 노력하고 있다고 생각했고 그래서 더는 노력할 수 없다고 답한 사람이 60퍼센트나 됐습니다. 이런 사람들의 태도는 모순적입니다. 기후 위기는 심각한 문제지만 기후에 부담을 주는 방식 그대로 살겠다는 거니까요.

기후 변화를 늦추려면 이산화탄소 배출량을 줄이고 정책을 바꾸기 위해 노력하는 사람이 많아져야 합니다. 세계시민은 이런 노력을 함께하는 사람입니다.

사진 출처와 페이지